はじめに

本書は一九五三年にアメリカ図書館協会とアメリカ出版会議が発表した「読書の自由」声明を対象とし、その成立と展開における図書館員と出版者の協同の実態を明らかにするものである。[1] 本書をお読みいただくにあたり、「はじめに」では本書の概要、近年のアメリカにおける禁書運動の拡大に対するアメリカ図書館協会の動きと「読書の自由」声明の関わりに触れながら、「読書の自由」声明とはどんなものなのか、七〇年以上前にアメリカの業界団体が出した声明をなぜいま改めて取り上げ、論じる必要性があるのかについて述べたい。

1　本書の概要

本書で取り上げる「読書の自由」声明は、一九五三年にアメリカ図書館協会とアメリカ出版会議が採択した文書で、当時全米を席巻していたいわゆる「赤狩り」への抗議声明であった。冷戦の最中にあったアメリカでは一九四〇年代後半から下院非米活動委員会による赤狩りが行われ、ハリウッドでは多くの映画関係者が職を追われた。一九五〇年代に入ると、朝鮮戦争を経て今度はウィスコンシン州選出の共和党上院議員ジョセフ・R・マッカーシーを中心とした「マッカーシズム」により、再び赤狩りが激化する。マッカーシーは「国務省に共産主義者が紛れ込んでおり、自分はそのリストを持っている」といった扇動的な発言を繰り返し、そうした発言がマスメディアを通じて報道されることで、赤狩りが全米へと波及していった。

政治的にも、そして道徳的にも不寛容なムードが社会全体に広がっていくなかで、図書館や書店にも赤狩りの影響は拡大していった。特にその影響が顕著だったのは、アメリカ国外に設置されていた情報センターの図書館である。こうした情報センターは冷戦においてアメリカ、そして西側諸国の政治思想と価値観を宣伝するための出先機関として位置づけられていたことから、図書館においても共産主義に関する資料や過去に共産党員であった人物による著作を蔵書から除くよう求める命令が次々と出され、大きな混乱が生じた。同様に、アメリカ国内の公共図書館においても特定の資料の収集・利用制限を求める圧力や、保守系の市民グループによる図書館へのクレームが増加した。図書館員にとっては、日々の業務に支障を来すだけでなく、長期的な視点から多様な資料を収集し、地域住民に情報提供を行うという図書館の目的が果たせなくなるという危機感があったと考えられる。また、共産主義がどのようなものか学ばずに共産主義を打ち負かすことはできないと考え、反共主義に共鳴しつつも民主主義と表現の自由の観点から寛容な態度を示すというのが、この当時の図書館員たちの態度であった。

この状況を重く見たアメリカ図書館協会のメンバーは、図書館資料の排除を求める圧力に抵抗する手段を検討しはじめる。同時に出版界においても市民グループが禁書リストを配布したり、ペーパーバックに対し警察等の公権力による取り締まりが行われるといった事例があり、共産主義だけでなく性表現などの道徳的規範においても過度な保守化が進んでいるという危機感がみられた。現在も多くの出版社にとって、より多くの読者を獲得するため、表紙のデザインに工夫を凝らすというのは一般的な販売戦略である。特に当時のアメリカでは一部の出版社が販売するペーパーバックの表紙デザインが過激だとして、業界内での自主規制を進めるべきだという議論が生まれていた。

以上のように、共産主義と性表現という異なる領域ではあるものの、法的手段にのっとらない、法の枠外での圧力によって、表現の自由が狭められつつあるという問題意識が、図書館界と出版界に共通していたと言える。こうした問題意識を背景として、図書館員、出版社の幹部、編集者、新聞記者、大学教員、弁護士など三〇余名がニューヨーク郊外のゴルフクラブに集まり、それぞれの立場から意見を述べ、非公式に議論を交わす場が設けられた。この会合の成果として発表されたのが「読書の自由」声明である。

電子メールが存在しない時代、図書館員や編集者はタイプライターで手紙を書き、新聞や雑誌、電話を駆使して情報収集と情報発信に取り組んだ。本書では、新聞や雑誌の報道に加えて、当時の人々の手紙のやりとりなどから、どのような経緯で「読書の自由」声明が生まれ、「読書の自由」声明の理念がどのように広がっていったのかを探った。また、赤狩りが顕在化する以前から、図書館員と出版者という異なる業界の人々が、双方の課題共有に向けてどのような体制を取っていたのかについても明らかにする。

2　近年のアメリカにおける禁書運動の拡大と「読書の自由」声明

「読書の自由」声明の成立の背景となった、一九五〇年代の図書館員や出版者の問題意識は、赤狩りの時代の影響を強く受けたものである。しかし、現在も図書館や出版、教育、情報通信に関わる業界は同様の課題を抱えており、本書が対象とする一九五〇年代のアメリカ社会と多くの共通点が見られる。

本書が対象とするアメリカでは近年、学校図書館や公共図書館を対象とした禁書運動が急速に拡大している。特に二〇二一年以降、保守系の市民グループや議員からの圧力が強まったことから、アメリカの一部の州では学校図書館や公共図書館において、特定の資料を正当な理由なく図書館から排除しようとする事例が、過去に例をみない速さで増加している。(2) こうした状況に対し、アメリカ図書館協会は新たに抗議声明を発表して反検閲の立場を表明するとともに、図書館員に対する支援の拡充、表現の自由に関わる団体との連携強化に取り組んでいる。[3]近年の禁書運動の拡大に対する図書館界の対応については別稿に譲るが、特に注目すべきなのは、抗議声明や関連する文書の中に、「読書の自由」声明への言及や、アメリカ社会の現状をマッカーシズムと関連づける記述が多く見られる点である。

二〇二〇年一〇月、トランプ政権下で発令された「人種と性のステレオタイプに関する大統領令」(Executive Order on Combating Race and Sex Stereotyping)に対し、アメリカ図書館協会は反対声明を発表した。[4]この大統領令は連邦政府の契約する事業者や助成金受給者に対し、ダイバーシティに関する研修の中で白人至上主義に関する内容を扱うことを禁じるもので、アメリカ図書館協会は「読書の自由」声明の一節を引用し、多様性の尊重と表現の自由を支持する立場から抗議している。

二〇二一年一一月には、学校図書館や公共図書館において、性的マイノリティや人種的マイノリティの問題、当事者の経験などを扱った図書が撤去される事例が多発したことで、学校や図書館における図書への検閲に反対する声明が発表された。[5]この声明の中でも、一九五三年の「読書の自由」声明採択に触れられており、近年の禁書運動の拡大を一九五〇年代当時の様子になぞらえて「民主主義的価値観への脅威」であるとし、民主主義社会において自由な情報アクセスが必要不可欠であるという信念が強調されている。

二〇二三年七月にはアメリカ図書館協会とアメリカ出版協会が共同で、「読書の自由」声明の意義を再確認する声明を発表した。[6] この声明では、六〇以上の州において、自由な読書が制限される可能性のある法案が提出されている状況に言及し、アメリカ合衆国憲法修正第一条に明らかに違反するものであるとして、図書に関わる業界の関係者に声明への署名を呼び掛けている。

さらに、二〇二三年七月には、オバマ元大統領が読書の自由を守るため闘う図書館員に対し、感謝を伝えるオープンレターを公開した。[7] オープンレターでは、民主主義社会における自由な情報アクセスの価値、読書を通じて多様な価値観に触れることの重要性に触れ、図書館員たちは、その職務を通じて人々が情報に基づいて積極的に社会参画する市民（informed and active citizens）になることを支援していると述べている。[8]

二〇二三年九月には「読書の自由」声明の改訂に向けたリスニングセッションの開催が発表された。[9] この発表では、改訂のためのタスクフォースが中心となり、「読書の自由」に対するアメリカ図書館協会会員の意見を募り、調査結果を踏まえて声明の改訂が検討される予定と伝えられている。

アメリカ図書館協会が発表する声明は、その時点で社会において重要度の高い課題に対し、専門職団体としての立場から意見表明を行うものであり、時代を超えて参照されるものは限られる。近年の禁書運動の拡大と、図書館での検閲事例の増加に対し、七〇年前の事例が想起され、引用されていることから、アメリカの図書館員にとって「読書の自由」声明が現代的意義を持つ文書であることは明らかだろう。

3　日本の図書館における知的自由

最後に、日本の状況においても簡単に触れておきたい。日本においては一九五四年に日本図書館協会が「図書館の自由に関する宣言」を採択し、その後、一九七九年に改訂が行われ現在に至っている。現代の日本の公共図書館は、地域の情報拠点であると同時に、学びの場、にぎわい創出の場など、多くの役割を担っている。図書館の役割が多様化する一方で、図書館サービスの根幹をなすのが多様な資料の収集・提供・保存である点は変わらない。「図書館の自由に関する宣言」では、「基本的人権のひとつとして知る自由をもつ国民に、資料と施設を提供すること」を図書館の任務とし、この任務を果たすために、資料収集の自由、資料提供の自由、利用者の秘密保持、検閲への反対の四点を実践すると宣言している。

しかし、文部科学省から拉致問題に関する図書充実の協力等の要請が出された事例（二〇二二年）や、松江市教育委員会が市内の小中学校に対し、漫画『はだしのゲン』の利用制限を求めた事例（二〇一二年）など、図書館の主体的判断に任されるべきである資料の収集・提供に対し、外部からの圧力や要請がしばしば起こっている。一方で、ヘイトスピーチを含む出版物をどのように取り扱うかという点も、近年の公共図書館における大きな課題の一つである。SNSでの「炎上」やインターネット上の誹謗中傷が実社会に影響を及ぼす中で、表現の自由の限界が問われる場面も増えつつある。二〇二〇年には日本学術会議の新規会員任命問題をめぐり、多くの学術団体が抗議声明を出しており、学問の自由に対する侵害であるとの議論も巻き起こった。このように、排外主義の台頭や多様性への無理解によって不寛容な社会が拡大していく様子からは、本書で取り上げる一九五〇年代アメリカの社会との共通点を多く見出すことができる。

現代の社会において図書館がどのような役割を果たしうるのか、表現の自由が制限される場面があるとすればどのような場面か、図書館員や出版者は表現の自由を支えるためにどのように連帯できるかといった課題に対し、本書が有益な知見を提供できることを願っている。

4　本書の構成

第1章では、本書の背景として、知的自由の概念を合衆国憲法修正第一条と図書館の関わりから述べ、さらに「読書の自由」声明が採択された歴史的背景として赤狩り時代の図書館員と出版者が置かれた社会状況を概観する。また、本書の研究対象である「読書の自由」を論じる意義と、本書に登場する用語の定義を示す。

第2章では、本書で扱う「読書の自由」声明について詳述する。「読書の自由」声明の成立に関わる団体の活動を概観するとともに、一九五三年採択時の「読書の自由」声明の主文の内容と、一九七二年、一九九一年、二〇〇〇年、二〇〇四年の改訂時の論点と改訂の内容を述べる。

第3章では、「読書の自由」成立の起点となった、一九五三年ウェストチェスター会議に着目して「読書の自由」の成立過程を明らかにする。「読書の自由」声明採択までの流れを整理し、アメリカ議会図書館手稿室（Manuscript Reading Room）およびイリノイ大学アーバナ・シャンペーン校アメリカ図書館協会アーカイブズ（ALA Archives）所蔵の文書からウェストチェスター会議の出席者を特定する。第2章で示した「読書の自由」声明成立に関わる団体を中心として、ウェストチェスター会議関係者の分析を行い、会議開催の意図を考察する。

第4章では、一九五三年ウェストチェスター会議で使用されたワーキングペーパー、会議の議事録、また完成した一九五三年版「読書の自由」声明の三つの文書を中心に声明成立までの流れを解明する。第3章で明らかになった、ウェストチェスター会議の出席者の間でどのように議論が行われ、論点が精査された結果、声明へと結実していったのかを明らかにする。

第5章では、第3章で明らかになった「読書の自由」の成立過程を踏まえ、「読書の自由」

声明の採択に対するマスメディアの反応と、一九五七年の報告書『読書の自由』(*The Freedom to Read: Perspective and Program*)刊行、さらに「読書の自由」声明成立後の展開に焦点を当て、「読書の自由」声明に対する反応と影響を明らかにする。

第6章では、一九五〇年に設置されたアメリカ図書館協会出版関係委員会、およびアメリカ出版会議読書発達委員会の活動、一九五七年に両組織の間に設置されたアメリカ図書館協会・アメリカ出版会議読書発達合同委員会を対象とする。第3章で明らかになった「読書の自由」の成立過程を踏まえ、アメリカ図書館協会とアメリカ出版会議の各委員会の設置から、合同委員会設置までの流れを明らかにするとともに、両者が協同に取り組んだ領域の変遷を追う。これにより、一九五〇年代のアメリカ図書館協会とアメリカ出版会議の協同における組織体制およびその活動の実態を明らかにすることを目指す。

第2章から第6章で明らかになった点を踏まえ、第7章では一九五三年の「読書の自由」声明の成立と声明成立後の展開において、図書館界と出版界の協同が果たした役割を解明する。そして本書の内容を総括し、今後の課題と展望を示す。

注

1　図書館情報学では、しばしば企業としての「出版社」だけではなく、省庁や個人など出版物を刊行する団体・組織をまとめて「出版者」と表記する。本書では、企業であることが明白な箇所を除き、「出版者」表記を採用する。

2　「米国下院監視・政府改革委員会の小委員会"Civil Rights and Civil Liberties"、禁書や検閲に関する公聴会を開催：学生や教師、米国図書館協会（ALA）等が意見」カレントアウェアネス・ポータル、二〇二二年四月二六日、https://current.ndl.go.jp/node/46048（参照　2022-09-21）。

3　小南理恵「米国の図書館における検閲に関する動向」『カレントアウェアネス』No.354、二〇二二年一二月二〇日、https://current.ndl.go.jp/ca2029（参照　2023-11-16）。

4　「米国図書館協会（ALA）、人種と性のステレオタイプに関する大統領令に対して批判声明を発表」カレントアウェアネス・ポータル、二〇二〇年一〇月三〇日、https://current.ndl.go.jp/node/42405（参照　2022-09-21）。

5　「米国図書館協会（ALA）、米国の学校や図書館における書籍の検閲の実施に反対する声明を発表」カレントアウェアネス・ポータル、二〇二一年一二月二日、https://current.ndl.go.jp/node/45270（参照　2022-09-21）。

6 "American Library Association, Association of American Publishers Reaffirm 1953 Freedom to Read Statement, Joined by the Authors Guild and American Booksellers Association," American Library Association. June 25, 2023, https://www.ala.org/news/press-releases/2023/06/american-library-association-association-american-publishers-reaffirm-1953, (accessed 2023-11-16).

7 「米国のオバマ元大統領、読書の自由を守るために尽力している全米の図書館員に感謝の意を表明するオープンレターを公開」カレントアウェアネス・ポータル、二〇二三年七月二〇日、https://current.ndl.go.jp/car/185267（参照　2023-11-15）。

8 Obama, Barack "Thank You to America's Librarians for Protecting Our Freedom to Read," Medium. July 17, 2023, https://barackobama.medium.com/thank-you-to-americas-librarians-for-protecting-our-freedom-to-read-80ce373608b3, (accessed 2023-11-16).

9 "ALA announces Listening Sessions on revising Freedom to Read Statement," American Library Association. September 7, 2023. https://www.ala.org/news/member-news/2023/09/ala-announces-listening-sessions-revising-freedom-read-statement, (accessed 2023-11-16).

「読書の自由」の成立史
１９５０年代アメリカの図書館員と出版者

目次

第1章　アメリカ合衆国における表現の自由と図書館

1　アメリカ合衆国憲法修正第一条と図書館

一七九一年に採択されたアメリカ合衆国憲法修正第一条には「連邦議会は、国教を定めまたは自由な宗教活動を禁止する法律、言論または出版の自由を制限する法律、ならびに国民が平穏に集会する権利および苦痛の救済を求めて政府に請願する権利を制限する法律は、これを制定してはならない[1]」とあり、言論および出版の自由を制限する法律の制定が禁じられている。この文言は修正第一条と呼ばれ、アメリカ合衆国における表現の自由を定めた条項として、広く知られている。

一九四八年に国連が採択した「世界人権宣言」第一九条には「すべて人は、意見及び表現の自由に対する権利を有する。この権利は、干渉を受けることなく自己の意見をもつ自由並びにあらゆる手段により、また、国境を越えると否とにかかわりなく、情報及び思想を求め、受け、及び伝える自由を含む」と示されている。(2) ここでは「情報を伝える自由」だけでなく、「情報を受け取る自由」と「情報にアクセスする権利」を表現の自由に含むとする解釈が表れている。このような表現を発信する側と受け取る側双方の存在が表現の自由を担うという理念は、修正第一条に対しても援用されており、著者、出版者、書店、図書館などが自由な情報流通を実現するうえでの法的根拠として理解されてきた。

一九四九年に発表された「IFLA/ユネスコ公共図書館宣言」（IFLA/UNESCO Public Library Manifesto）(3) は、公共図書館の役割や目的、図書館運営の原則に関する共通認識を示した文書であり、一九七二年、一九九四年、二〇二二年と改訂を重ねている。「IFLA/ユネスコ公共図書館宣言」は現在に至るまで、冒頭部分において「世界人権宣言」で示された表現の自由を踏まえ、市民が十分な情報を持ったうえで社会参加し、政治参画することが民主主義において不可欠であると宣言している。

社会と個人の自由、繁栄および発展は人間にとっての基本的価値である。このことは、十分に情報を得ている市民が、その民主的権利を行使し、社会において積極的な役割を果たす能力によって、はじめて達成される。建設的に参加して民主主義を発展させることは、十分な教育が受けられ、知識、思想、文化および情報に自由かつ無制限に接し得ることにかかっている。

「IFLA／ユネスコ公共図書館宣言」は市民への情報提供を図書館の第一の役割として位置づけているが、特にアメリカにおいては民主主義の実現において「十分に情報を得ている市民」（informed citizen）の育成が図書館の最も重要な役割であるという意識が根強い。人々が経済的格差や地域格差を問わずに多様な観点に立った情報を入手する機会を保障し、社会参加、政治参画を促すための社会的機関として図書館は位置づけられている。市民の情報アクセスの保障を目指す上で、多様な観点に立った資料の収集・提供は必要不可欠であり、そのために、図書館員は政治的・道徳的圧力を受けることなく、価値中立な立場から図書館資料を選択できる自由が保障されていなければならない。図書館員はこうした「市民の読む自由」およびその実現に必要な「図書館（員）による資料選択・提供の自由」を「知的自由」（intellectual freedom）と称し、あらゆる図書館サービスの理念的基盤として位置づけてきた。

世界最大にして最古の図書館員による団体であるアメリカ図書館協会（American Library Association：ALA）は専門職としての中核をなす価値観（Core Values）および主たる活動領域（Key Action Areas）の両方にこの「知的自由」を挙げている。[4] アメリカ図書館界における知的自由の理念は、一九三九年にアメリカ図書館協会が採択した「図書館の権利宣言」（Library Bill of Rights）が示す五つの基本方針をもとに論じられてきた。「図書館の権利宣言」では合衆国憲法修正第一条に規定される「表現の自由」を核とし、表現の自由を成立させるための「表現を受け取る自由」および「情報にアクセスする権利」をその理念の根拠としている。アメリカ図書館協会はこれまで「知的自由」の語に対する統一された定義を定めたことはないが、知的自由の理念についてＡＬＡ知的自由部（Office for Intellectual Freedom）が編纂する『図書館の原則』改訂三版（原題は Intellectual Freedom Manual）の序文では、以下のように説明されている。[5]

知的自由は二つの基本条件が揃う場合にのみ存在できる。まず、各人がどのような主題についても自由な信条を持つ権利、および各人が適切と考える方法で思想を伝える権利である。次に、情報や思想への自由なアクセスという権利について、社会が一様に献身していなくてはならない。（中略）知的自由は環状になっている。表現の自由か思想へのアクセスかのどちらかが抑えられると、この環は崩壊する。

「各人がどのような主題についても自由な信条を持つ権利、および各人が適切と考える方法で思想を伝える権利」は狭義の表現の自由を示しており、「情報や思想への自由なアクセスという権利」は「表現を受け取る自由」および「情報にアクセスする権利」を示していると理解できる。『図書館の原則』が図書館員に向けた知的自由の理念と実践のための実例を伝えるツールとして編纂・出版されている点からも、「表現の自由」と「表現を受け取る自由」の双方が知的自由を構成するものとして提示されていることがわかる。

アメリカ図書館協会は「図書館の権利宣言」(Library Bill of Rights)や「読書の自由」(The Freedom to Read)などの文書を通じて、図書館による自由な資料の収集、提供、保存の意義を社会に訴えることで、図書館を「情報にアクセスする権利」を保障する機関として位置づけてきた。つまり、合衆国憲法修正第一条や「世界人権宣言」における表現の自由を、主に図書館の実務の観点から捉え直したものが知的自由であり、図書館員の職務上の倫理的規範を形成する思想であるとともに、図書館の社会的意義を示す基本概念といえる。

「図書館の権利宣言」は、一九三八年にデモイン公共図書館(Des Moines Public Library)で採択された声明文(Library's Bill of Rights)を基に、翌年六月にアメリカ図書館協会評議会が採択した文書である。[6]「図書館の権利宣言」は成立から八〇年を超えてなお、現在まで改訂を重ねており、アメリカ図書館協会の知的自由に関する最も基本的な方針を示した文書として知られている。一九三九年にアメリカ図書館協会が採択した「図書館の権利宣言」は前文と以下の三か条からなる。

「図書館の権利宣言」(Library's Bill of Rights: 一九三九年版)

現在の世界各地では、不寛容、言論の自由の抑圧、検閲が高まりつつあり、少数者や個人の権利に影響を与えている。この現状に留意して、アメリカ図書館協会評議会は、以下の基本方針が、公立図書館のサービスに及ぶべきであるとの信念を公に確認する。

第一条：公費で購入する図書およびその他の読書資料は、コミュニティの人びとにとっての価値と関心のために選ばれるべきである。いかなる場合にも、著者の人種、国籍、あるいは政治的、宗教的見解に影響されて、選択されてはならない。

第二条：資料が入手できる限り、意見の相違がある問題のあらゆる側面は、住民の利用のために購入される図書およびその他の読書資料の中で、公正かつ適切に入れられるべきである。

第三条：民主的な生き方を教育する一つの機関として、図書館は、社会的に有用な活動や文化的な活動のために、また現今の公共の問題を討論するために、集会室の利用を特に歓迎すべきである。図書館の集会室は、コミュニティのすべてのグループにたいして、構成員の信条や所属関係にかかわりなく、平等に提供されなければならない。

アメリカ図書館協会評議会　一九三九年六月一九日採択(7)

一九三九年度版「図書館の権利宣言」はデモイン版を踏襲した内容である。第一条は著者を理由とする資料の排除を禁じるもので、第二条は多様な観点に立った資料収集を求め、第三条では集会室の公平な提供を宣言している。

「図書館の権利宣言」は採択から五年後の一九四四年に改訂が行われている。この改訂では、第一条に「さらに、事実に照らして正確と信じられる図書は、単に一部分の人が賛成しないとの理由で、図書館から禁止されたり、取り除かれることがあってはならない」という一文が加えられた。

一九三九年の成立時から約一〇年の間、「図書館の権利宣言」は成立時の三か条で維持されてきたが、一九四八年に最初の大改訂が行われ、現在の文言の基礎となる、五か条の文書となった(8)。一九四八年版「図書館の権利宣言」は、第一条は著者を理由とする資料の排除の禁止、第二条は党派や主義を理由とした資料の排除の禁止、第三条は検閲への抵抗、第四条は表現の自由や思想の自由に関する他団体との協力、第五条は集会室の公平な提供を宣言している。改訂後の一九四八年版「図書館の権利宣言」は前文と以下の五か条である。

図書館の権利宣言（Library Bill of Rights：一九四八年版）

アメリカ図書館協会評議会は、以下の基本方針が、すべての図書館のサービスに及ぶべきであるとの信念を再確認する。

第一条：図書館サービスの責任において、選択される図書およびその他の読書資料は、コミュニティのすべての人びとの関心、情報、啓蒙に役立つかどうかという価値によって選ばれるべきである。いかなる場合にも、著者の人権、国籍、あるいは政治的、宗教的な見解を理由として、資料が排除されてはならない。

第二条：国際的、全国的、地方的な問題を問わず、現代の問題や争点に関して、どのような観点に立つ資料であっても、それらを可能な範囲で最大限に備えるべきである。しっかりした事実にもとづく典拠を持つ図書あるいはその他の読書資料は、党派あるいは主義の上から賛成できないという理由で、図書館の書架から締め出されたり取り除かれることがあってはならない。

第三条：道徳的、政治的な意見の自発的な決定者や、アメリカニズムを強制しようとする団体が、主張したり実践したりする図書への検閲は、活字を通じて住民に情報を提供し、啓蒙を行うという図書館の責任を果たすために、図書館によって拒否されなければならない。

第四条：図書館は、アメリカ人の伝統であり遺産でもある、思想へのフリー・アクセスや表現の完全な自由にたいするあらゆる制限に抵抗するために、科学、教育、出版の分野における盟友グループに協力を求めるべきである。

第五条：民主的な生き方を教育する一つの機関として、図書館は、社会的に有用な活動や文化的な活動のために、また現今の公共の問題を討論するために、集会室の利用を歓迎すべきである。そのような集会の場は、コミュニティのすべてのグループにたいして、構成員の信条や所蔵関係にかかわりなく、平等に提供されなければならない。

アメリカ図書館協会評議会　一九四八年六月一八日採択(9)

一九四八年版では、第三条で検閲への抵抗が示され、第四条では「思想へのフリー・アクセスや表現の完全な自由」を実現する上で、図書館は他団体と協力する必要性があることが示された。この二つの条文は一九四八年改訂時に新設されたものである。一九四八年版で第三条と

第四条が新設されたことにより、「図書館の権利宣言」は図書館の資料選択における基本方針から、図書館を修正第一条が定める表現の自由を保障する機関として位置づける文書へと変化した(10)。

「図書館の権利宣言」の採択以降、アメリカ図書館協会は図書館サービスの理念的基盤として、知的自由の重要性を強調してきた。この「図書館の権利宣言」と並んで、アメリカ図書館界における知的自由の理念の形成に寄与したのが、一九五三年にアメリカ図書館協会とアメリカ出版会議(American Book Publishers Council)が共同採択した「読書の自由」声明である。一九五〇年代初頭のアメリカでは、冷戦を背景として共産主義に対する社会的圧力が激化しており、図書館における検閲の増加が問題となっていた。こうした背景をもとに成立したのが「読書の自由」声明であった。

2　赤狩り時代の図書館員と出版者

一九五〇年代のアメリカ図書館界は共産主義に対する過激な弾圧の動きであるいわゆるマッカーシズムを背景に、多くの検閲の脅威に晒されてきた。マッカーシズムとは、「赤狩り」と呼ばれる一九四〇年代後半から一九五〇年代前半にかけてソ連との冷戦を背景に起こった共産主義に対する過激な弾圧の動きの一端を指す。[11] 一九四七年にトルーマン政権下で始まったトルーマン・ドクトリン（封じ込め政策）以降、思想・言論に対する規制が顕在化していた。連邦職員をはじめとした公務員に対する忠誠審査（Loyalty Test）の実施、一九五〇年のローゼンバーグ事件、一九四五年に常設された下院非米活動委員会（The House Committee on Un-American Activities：通称 HUAC）によるハリウッド関係者への尋問などが赤狩りの例として挙げられる。[12]

一九四七年にウィスコンシン州の共和党上院議員として当選したジョゼフ・レイモンド・マッカーシー（Joseph Raymond McCarthy）が、一九五〇年二月に演説の中で「国務省には共産主義が蔓延っている」と発言したことが大きな波紋を呼び、赤狩りが全米へと拡大していった。一九五三年にマッカーシーが上院政府機能審査小委員会（the Subcommittee on Investigations of the Senate Committee on Government Operations）の委員長に任命されると、赤狩りは一気に加速し、多くの人物が共産主義者ないしは反米活動家であるとの疑いを掛けられ尋問を受けた。また、当初は連邦議会を中心として起こった共産主義への弾圧は、州やその他の地方公共団体においても同様の委員会が設置されることで全米へと波及していった。[13] 同時に、アメリカ在郷軍人会（American Legion）[14] やアメリカ革命の娘たち（Daughters of the American Revolution：DAR）[15] といった愛国主義団体や民間の保守系の市民グループによる活動も活発化し、学校や図書館などの蔵書に対する攻撃へとつながった。

出版界においては、一九五〇年代初めまでは、個々の著作への検閲は存在していたものの、出版社や編集者への攻撃に発展した事例は少数であったようだ。ジョン・テベル（John Tebbel）は全四巻からなる大著 *A History of Book Publishing in the United States* の中で、少数事例として、一九四六年に反共雑誌 *Plain Talk* にダブルディ社（Doubleday）と同社社長ネルソン・ダブルデイ（Nelson Doubleday）が共産主義者として攻撃された事例を紹介しつつも、一九五二年までは出版界への赤狩りの影響は大きなものではなかったと総括している。

しかし一九五二年以降、出版界においても赤狩りが顕在化していった。一九五二年八月には *New York Times* の一面に、大手出版社の中に共産主義者のグループが存在すると語る識者の発言が掲載された。[16] 情報提供者であるヴィンセント・ハートネット（Vincent Hartnett）は独立系ラジオ局フィリップス・H・ロード社の職員として共産主義者を告発するブラックリストの制作に関わっており、のちには反共主義団体を立ち上げるなど、強固な反共主義者として知られた人物であった。ハートネットは、リトル・ブラウン社（Little, Brown）の編集者アンガス・キャメロン（Angus Cameron）、ダブルディ社の編集長のケネス・マコーミク（Kenneth McCormick）、*New York Herald Tribune* の元・海外部編集者であり、のちにジャック・グッドマン（Jack Goodman）のアシスタントとなったジョゼフ・バーンズ（Joseph Barnes）、作家ミラード・ランペル（Millard Lampell）、そしてサイモン・アンド・シュースター社の（Simon & Schuster）の編集者グッドマンらを共産主義者として告発した。[17]

こうした事件に対し、出版界の中から反発はあったものの、事態の悪化を恐れてか、アメリカ出版会議や出版業界誌 *Publishers Weekly* は、表立った意見表明を行っていない。[18]

出版界と同様に、図書館界でも検閲の動きは激化していった。多くの図書館資料に対し著者の政治的な立場や本文中の一部の文言を理由に、除籍、除架を求める意見が寄せられ、図書館員は対応に頭を悩ませることとなった。共産主義に関わる資料や反米的とされる資料に対しラベルの貼付や資料の隔離を求める動きを受けて、一九五一年にアメリカ図書館協会は「ラベリング声明」（Statement on Labeling）を採択している。[19]「ラベリング声明」[20]は、六か条の提言から成り、特定の図書館資料に対しラベルの貼付や隔離を行うことは、読者に先入観を持たせ、検閲につながるため、知的自由の原則に反すると主張している。ラベリング声明は一九七一年に「図書館の権利宣言」解説文として組み込まれている。一九五一年版ラベリング声明は下記の通りである。

ラベリング声明（一九五一年版）

1．全体主義国家の倫理によれば、出版物を「破壊的」と決定する判断規準の設定は、容易であるし正しくさえある。しかしながら、これを実践すれば、正義と啓蒙ではなく、不正義と無知が生じる。アメリカ図書館協会は、民主主義国家において、そうした規準の設定に反対の立場をとる責任がある。

2．図書館は、蔵書中の思想を唱導しているのではない。図書館に雑誌や図書が置かれているからといって、図書館がその内容を推奨しているのではない。

3．だれも、出版物のラベリングに責任をとるべきでない。ラベリングすべき種類の資料について、あるいは疑わしいとみなされるべき資料源について、かなり多くの人の合意を獲得するのは困難であろう。現実的に考えても、図書や雑誌に親共産主義者とのラベルを貼る図書館員は、名誉毀損で訴えられる可能性がある。

4．ラベリングは、読者に偏見を持たせる企てである。したがって、検閲者の道具である。

5．ラベリングは、『図書館の権利宣言』の精神に違反する。

6．共産主義者が自由世界に脅威を与えている点については、全面的に賛成する。しかしながら、あるグループをなだめるために資料にラベリングをすれば、図書館蔵書のいかなる資料についても、ラベリングを拒否する理由がなくなる。共産主義、ファシズム、その他の独裁主義は、思想を抑圧する傾向や、特定のイデオロギーに個人に個人を順応させるべく強要するという傾向がある。しかし、アメリカの図書館員は、こうした「主義」に反対しなくてはならない。それゆえ、アメリカの図書館員は反共主義者である。しかし同時に、知識にいたる道の閉塞を目的とする、あらゆるグループにも反対する。

アメリカ図書館協会評議会　一九五一年七月一三日採択[21]

この時期の図書館資料に対する検閲の例としては、一九四八年にニューヨーク市の公立学校の図書館を中心に起こった雑誌 *Nation* 事件が挙げられる。この事件では、市の教育委員会が同誌に掲載された論文の内容を理由に、市内の全公立学校での同誌の利用を禁止したことを受けて、前議会図書館館長であり詩人であったアーチボルド・マクリーシュ（Archibald MacLeish）を中心に作家や出版者なども加えて検閲反対特別委員会が設置された。[22]さらには図書館資料のみにとどまらず、図書館員が自身の政治的立場や政治活動への関与を理由とし職を追われたケースも存在した。一九五〇年にオクラホマ州バートルズヴィル公立図書館で起こったルース・W・ブラウン（Ruth W. Brown）事件は、図書館員自身の知的自由が侵害された例として知られている。[23]このように、図書館資料に対する検閲の増加が多数報告される中、赤狩りに対する危機感が図書館員のあいだで高まっていった。

3 「読書の自由」を論じる意義

図書館情報学の領域で「読書の自由」を取り上げた学術的成果としては、ルイーズ・S・ロビンズ（Louise S. Robbins）の研究がある。ロビンズは「読書の自由」と同時に発表された「海外図書館に関する声明」（Overseas Libraries Statement）に着目し、マッカーシズムによる海外図書館への検閲に対する抵抗が「読書の自由」成立の背景にあったことを指摘している。(24) 一九四八年一月の「情報および教育的交流に関する法律」（Information and Educational Exchange Act：通称スミス・ムント法）の制定以降、アメリカやアメリカの政策に関する情報の普及を目的に、アメリカ国外への情報センターの設置が進んだ。(25) 第二次世界大戦中に情報政策を担った戦時情報局（Office for War Information：OWI）の流れを継ぎ、冷戦下のアメリカで対外広報戦略を担った国務省国際情報局（International Information Administration：IIA）が有する海外図書館の蔵書がマッカーシーの標的となり、図書館蔵書の一部について除架や廃棄を求める命令が多数発出された。この海外図書館への検閲に対する抵抗として、「読書の自由」と同時に発表されたのが「海外図書館に関する声明」であった。ロビンズは、冷戦期アメリカの文化外交政策における図書館の位置づけを探るという視点に立ち、海外図書館での検閲問題から「読書の自由」成立へとつながる動きを詳細に解明している。しかしながら、ロビンズの研究は一貫して図書館側の動きを追うことに終始しており、「読書の自由」声明成立時の出版界の動向に切り込んだ分析はなされていない。
さらに、一九五〇年代の図書館界と出版界の関係や、図書館界と出版界の協同に関するまとまった研究成果はほとんど見られない。ジーン・プリアー（Jean Preer）が一九五〇年代初期の農村地域での読書振興の発展について述べる中で、一九五〇年に図書館界と出版界に共通する問題を議論するための連絡委員会（liaison committee）が設置されたと指摘しているが、委員会の正式名称や具体的な活動については言及していない。[26]
このように「読書の自由」についての学術的研究はわずかである一方で、「読書の自由」声明の採択やその背景については日本の図書館界においてもしばしば紹介されている。日本の図書館関係者に向けて「読書の自由」が紹介された例として、最も早い時期のものとしては、一九五三年九月の『図書館雑誌』[27]が挙げられる。執筆者は当時、東京大学附属図書館に勤務していた男沢淳で、「「マッカーシー旋風」をどうする：アメリカ版「図書館の中立性」」と題した三ページほどの記事の中で、「読書の自由」に触れている。男沢の記事は、マッカーシズムによる海外図書館への検閲を報じたもので、文中の記述は一九五三年七月一一日までの*Publishers Weekly*の内容に基づくと述べられている。これに加えて日本図書館協会の「図書館の自由に関する宣言」採択に伴って起った中立性論争との関連から、男沢の感想が記されている。男沢はこの記事の中で、一九五三年七月一八日付の『図書新聞』で「読書の自由」の部分訳が掲載されていることを紹介している。

『図書新聞』[28]の同号は一面でマッカーシーによる赤狩りの動きを報じている。「わいせつ書の取締 戦前の特高とそっくり」という小見出しとともにギャシングス委員会（Gathings Committee）による報告書[29]について触れたのちに、「焚書」に対する抵抗として「読書の自由」が紹介されている。また、部分訳の後には、執筆者のS・Yによるごく短い解釈が添えられている。

さらに、翌月一九五三年一〇月の『図書館雑誌』[30]には、男沢による「読書の自由」の全訳が掲載されている。「読書の自由を守るために」という主題が付けられ、同時期に検討されていた図書館憲章の委員会案とユネスコ「民衆教育の生きた力」と並ぶ形で掲載されている。図書館憲章の委員会案は、現在の「図書館の自由に関する宣言」の草案であり、「民衆教育の生きた力」は一九四九年版ユネスコ公共図書館宣言の全訳である。[31]

「読書の自由」の成立とその内容に関するまとまった記述が掲載された文献として、一九八二年に刊行された図書館問題研究会編『図書館用語辞典』[32]が挙げられる。この中では、「読書の自由」の成立過程、声明の内容、および一九七二年の修正と再承認に関して、概要が述べられている。

社会における公共図書館の重要性を利用者の視点から述べた『だれのための図書館』[33]は、一九八二年に邦訳が刊行された。同書は、巻末の付録として一九七二年版「読書の自由」の部分訳を掲載している。「読書の自由」の前文、七か条、後文は掲載されているが、副文については掲載されていない。

一九五三年の男沢による全訳以降、「読書の自由」の全訳が掲載されたのが一九九一年に刊行された『図書館の原則』第三版である。[34] 同書は巻末に詳細な訳注が付されており、「読書の自由」についても人名や団体に関する解説がつけられている。訳注は一九九七年の第五版刊行時には削除されている。[35]

「読書の自由」を取り上げた学術研究のうち、日本国内で刊行された文献にはロビンズの博士論文を書籍化した『検閲とアメリカの図書館』が存在する。一九九八年に川崎による翻訳・刊行が行われており、「読書の自由」成立の背景を取り上げた日本語の文献としてはほとんど唯一のものである。ロビンズは同書の巻末付録として、一九五三年に刊行されたパンフレット「読書の自由」を転載しており、日本語版にも川崎による邦訳が掲載されている。[36]

日本の図書館情報学分野の研究者による著作で、知的自由の文脈から「読書の自由」について言及した代表的な文献としては、塩見昇『知的自由と図書館』[37]、川崎『図書館の自由とは何か』[38]などが挙げられる。また福井佑介は、「図書館の権利宣言」[39]とともに「読書の自由」が日本の「図書館の自由に関する宣言」に与えた影響を考察している。福井は「図書館の自由に関する宣言」の採択に伴って起こった中立性論争について述べる中で、男沢の記事についても紹介し、「読書の自由」や「図書館の権利宣言」に示される原則が「図書館の自由に関する宣言」の副文に反映されていると指摘している。[40]

日本においては、日本図書館協会が一九五四年に「図書館の自由に関する宣言」を採択した。

「図書館の自由に関する宣言」は日本の図書館および図書館員による知的自由についての基本的立場を表明した文書であり、日本国憲法における表現の自由を根拠としている。基本的人権としての「知る自由」を保障すべく、図書館による自由な資料収集と資料提供、図書館利用者の秘密保持、検閲への反対などを謳っており、図書館司書にとっての倫理的規範を支える宣言として位置づけられてきた。「図書館の自由に関する宣言」の成立については、アメリカ図書館協会の「図書館の権利宣言」を範とするという理解が一般的であるが、福井の研究により、その前年に採択された「読書の自由」声明の影響を強く受けていることが示唆されている。そのため、「読書の自由」声明の成立過程とその位置づけを明らかにすることは、日本における「図書館の自由」の理念を検討する上で必要不可欠といえる。

本書で取り上げる「読書の自由」は、アメリカ合衆国憲法修正第一条に規定された表現の自由を根拠としている。日本においては日本国憲法第二一条で表現の自由の保障について述べられているが、社会の多様化が進む中で、ヘイトスピーチや公共空間における論争的な作品の取り扱いをめぐる事件が多発し、表現の自由の限界を問う議論が巻き起こっている。さらに、言論の自由を脅かすような社会的圧力も高まっている。

表現の自由は民主主義国家において市民が持つ基本的権利であり、それがゆえに、公共空間において異なる価値観の間の摩擦が頻発する現代社会において論争は避けがたいといえる。「読書の自由」声明の成立の背景にはマッカーシズムによる赤狩りがあるが、赤狩りは単に公権力による上からの圧力に留まらず、公権力による圧力の影響の受けた保守系市民グループや図書館理事会等による圧力も含まれている。このような表現の自由をめぐる対立について、過去の実例を取り上げてその経緯を明らかにすることは、表現の自由を担保する図書館や出版者の社会的役割に関わる議論に重要な示唆を与えるものといえる。

4　用語の定義

以下では、本書で使用する用語および概念の定義について述べる。

(1) 検閲

検閲問題に関する古典的文献『言論の自由と権力の抑圧』(*Individual Freedom and Governmental Restraints*)[41]の著者であるコロンビア大学のウォルター・ゲルホーン(Walter Gellhorn)は同書の中で、「検閲という言葉の使い方は、曖昧である」と述べ、「検閲」という語の多義性を指摘している。ゲルホーンは上記の記述に続ける形で、公権力による発禁処分や、公権力による出版・流通の禁止だけでなく、「官憲によらない行為」についても「検閲」に含む考え方を示している。ゲルホーンによれば、「特定の著作の排除を目的とする団体活動」や「著作の出版後その利用可能性を制約しようとする団体活動」も検閲であり、このような「官憲によらない検閲」は公権力による検閲のような法的手続きに基づくものではないため、「冷酷な経済的または政治的圧力」へとつながる、と論じている。

『図書館情報学用語辞典』第四版[42]では検閲を「言論や出版などの表現に対して、事前に公権力が思想内容を審査し、必要があれば、その内容などについて削除や訂正を求めたり、発表を禁止すること」と説明している。また、図書館における検閲として、図書館の資料収集や資料提供などに対して「公権力以外に、個人や団体から、特定の図書館資料に対する苦情や異義が述べられること」も、検閲に含まれるとしている。

ＡＬＡ知的自由部は『図書館の原則』の用語集[43]において図書館の蔵書に関する様々な異議表明について、「懸念の表明／口頭での苦情」(expression of concern / oral complaint)、「挑戦」(challenge)、「検閲」(censorship)の三つに分類している。第一段階である「懸念の表明／口頭での苦情」とは、個人による図書館蔵書への異議表明である。ここでは、こうした懸念の表明は次の図書館蔵書への「挑戦」につながる可能性があると述べられている。第二段階である「挑戦」は、個人またはグループが実施に特定の資料について、書架から除いたり、利用制限をかけるよう求めることである。「懸念の表明／口頭での苦情」と「挑戦」の違いは、前者はあくまで個人の見解の表明であるのに対し、後者は具体的な行動につながるという点である。さらに、「挑戦」は「再検討の申し込み」(request for reconsideration)と「公然たる挑戦」(public challenge)の二つに区分される。「再検討の申し込み」は図書館に対し、書面を通じて公式に特定資料の除去や利用制限を求めることである。「公然たる挑戦」は、特定の資料が図書館蔵書として適切か、といった資料に対する価値判断をめぐる論争がメディアなどに広がった場合を指す。第三段階の「検閲」は、個人またはグループによる図書館資料への反対運動を理由に、実際に図書館側が特定の資料を書架から移動させたり、廃棄したり、利用制限を加えることである。

本書では特に断りの無い限り、（1）公権力による出版物への出版前の事前検閲、（2）出版後の市場における出版物の流通制限、（3）図書館における資料の入手・利用制限のすべてを含んだ、最も広義の概念を「検閲」と定義する。

(2)「読書の自由」

『図書館情報学用語辞典』第四版[44]では、読書の自由について「読書は、個人的で自由な精神活動であり、公権力から制限されることなく、読む自由を持つという主張」であると説明している。また、ジョン・ミルトンの「書物は他のすべての生命を受けたものと同じく、つねに自由に世に出ることを許されている」という言葉を引用し、読書を個人の自由な判断に基づく行為として位置づけている[45]。

本書の対象である「読書の自由」声明は「読書の自由は、アメリカの民主主義に欠かせない」という一文から始まり、前文、七か条と副文、後文で構成されている。「図書館の権利宣言」が示す知的自由の理念を基に、民主主義社会における自由な読書の価値を論じている。

本書では、一九五三年に発表された「読書の自由」声明の本文を一重括弧の「読書の自由」と表記する。先行研究においては、二重括弧で『読書の自由』と表記する例もあるが、声明成立時に配布されたパンフレット「読書の自由」や同名の報告書等との区別のため、本書では一重括弧の「読書の自由」を採用する。また、「読書の自由」声明の翻訳は川崎良孝訳『検閲とアメリカの図書館』[46]付録Eに掲載されたパンフレット「読書の自由」に基づいている。

注

1 「アメリカ合衆国憲法に追加されまたはこれを修正する条項」American Center Japan. https://americancenterjapan.com/aboutusa/laws/2569/（参照 2019-06-06)。

2 外務省「世界人権宣言（仮訳文）」http://www.mofa.go.jp/mofaj/gaiko/udhr/1b_002.html（参照 2019-06-06)。

3 「ユネスコ公共図書館宣言２０２２」日本図書館協会、https://www.jla.or.jp/library/gudeline/tabid/1018/Default.aspx（参照 2023-06-19)。

4 "ALA's Core values, key action areas and strategic directions," American Library Association. http://www.ala.org/aboutala/,（accessed 2019-06-06).

5 Office for Intellectual Freedom of the American Library Association, comp.『図書館の原則 改訂3版：図書館における知的自由マニュアル（第8版）』[*Intellectual Freedom Manual 8th Edition*] 川崎良孝、川崎佳代子訳、日本図書館協会、2010、p.xvi。

6 Office for Intellectual Freedom of the American Library Association, comp.『アメリカ図書館協会の知的自由に関する方針の歴史：『図書館における知的自由マニュアル』第9版への補遺』[*A History of ALA Policy on Intellectual Freedom: A Supplement to the Intellectual Freedom Manual,*

Ninth Edition〕川崎良孝訳、京都図書館情報学研究会、2016、p. 45-47。

7 前掲注6、p. 47。

8 前掲注6、p. 49-50。

9 同上

10 川崎良孝「『図書館の権利宣言』（１９４８年）とヘレン・ヘインズ：明示的な積極面と目黙示的な消極面」『図書館界』Vol. 71、No.3、2019、p. 174-188。

11 奥平康弘『「表現の自由」を求めて』岩波書店、1999、p. 196-206。

12 鈴木透『実験国家アメリカの履歴書：社会・文化・歴史にみる統合と多元化の軌跡』慶應大学出版会、2003、p. 133-136。

13 前掲注11、p. 198-199。

14 退役軍人による全米規模の強力な圧力団体。一九一九年設立。Office for Intellectual Freedom of the American Library Association, comp.『図書館の原則：図書館における知的自由マニュアル（第３版）』〔*Intellectual Freedom Manual 3rd Edition*〕川崎良孝、川崎佳代子訳、日本図書館協会、1991、p. 347。

15 全米有数の規模を誇る愛国主義女性団体。一八九〇年設立。“Daughters of the American Revolution（DAR）,”Britannica Academic〔online〕. Encyclopædia Britannica Inc.. https://academic.eb.com/levels/collegiate/article/Daughters-of-the-American-Revolution/29443,（accessed 2019-06-06）.

16 Tebbel, John. *The Great Change, 1940-1980*. R.R. Bowker Co., 1981, p. 705-718（A History of Book Publishing in the United States, 4).

17 同上

18 同上

19 前掲注6、p. 202-211。

20 前掲注6、p. 203-204。

21 Office for Intellectual Freedom of the American Library Association, comp.「『ラベリングと格付けシステム』『図書館の権利宣言』解説文」『アメリカ図書館協会の知的自由に関する方針の歴史：『図書館における知的自由マニュアル』第9版への補遺』［*A History of ALA Policy on Intellectual Freedom: A Supplement to the Intellectual Freedom Manual, Ninth Edition*］川崎良孝訳、京都図書館情報学研究会、2016、p. 203-204。

22 安里のり子「個人としての図書館員の知的自由」『図書館員と知的自由：管轄領域、方針、事件、歴史』川崎良孝ほか編、京都図書館情報学研究会、2011、p. 142-144。

23 ルース・W・ブラウン事件とは、オクラホマ州バートルズヴィル公立図書館館長のブラウンが共産主義に関する資料を購入・所蔵していたことを理由に解雇された事件である。当初、この事件は保守系市民団体による雑誌 *Nation* や *New Republic* などの除去の申し入れを図書館理事会が拒否したことが理由であり、図書館資料に対する検閲事件であると考えられていた。しかし後に、ロビンズの研究から、実際にはブラウン自身の人種統合運動への関与が解雇の理由であり、図書館員の知的自由に関わる事件であったことが解明されている。
前掲注22、p. 139-142。

24 Robbins, Louise S. "The Overseas Libraries Controversy and the Freedom to Read: U.S. Librarians and Publishers Confront Joseph McCarthy," *Libraries & Culture*. Vol. 36, No. 1, 2001, p. 27-39.

25 三浦太郎「占領期ドイツにおける米国の図書館政策：アメリカ・ハウスの設立を中心に」『日本図書館情報学会誌』Vol. 47、No. 2、2001、p. 67-80。

26 Preer, Jean ""Wake Up and Read!" Book Promotion and National Library Week, 1958," *Libraries & the Cultural Record*. Vol. 45, No. 1, 2010, p. 92-132.

27 男沢淳「「マッカーシー旋風」をどうする」『図書館雑誌』Vol. 47、No. 9、1953、p. 7-9。

28 「わいせつ書の取締：戦前の特高とそっくり」（一九五三年七月一八日『図書新聞』第二〇四号）『図書新聞』第３巻、不二出版、1989、p. 145。

29 「現代のポルノ資料に関する特別委員会」（House Select Committee on Current Pornographic Materials）、通称ギャシングス委員会が一九五二年に刊行した『現代のポルノ資料に関する特別委員会報告』（Report of the Select Committee On Current Pornographic Materials）はペーパーバックやコミックの流通制限を提案していた。ウェストチェスター会議の出席者であり、「読書の自由」声明成立に関わった中心人物の一人であるアメリカ出版会議会長のブラックとニュー・アメリカン・ライブラリー社社長のウェイブライトは、同委員会に対して反対声明を発表している。U.S. Congress. House. Select Committee on Current Pornographic Materials. Report

of the Select Committee on Current Pornographic Materials, House of Representatives, Eighty-Second Congress, Pursuant to H. Res. 596, a Resolution Creating a Select Committee to Conduct a Study and Investigation of Current Pornographic Materials. U.S. Government Printing Office, 1952, 137p.

30 男沢淳訳「アメリカ図書館協会・アメリカ出版者協議会共同宣言「読書の自由」」『図書館雑誌』Vol. 47、No. 10、1953、p. 11-13。

31 森耕一訳「ユネスコ公共図書館宣言」『公共図書館の管理（図書館の仕事：3）』清水正三編、日本図書館協会、1971、p. 199-201。

32 図書館問題研究会編「読書の自由」声明『図書館用語辞典』角川書店、1982、p. 415。

33 Seymour, Whitney North Jr. and Elizabeth N. Layne『だれのための図書館』［*For the People: Fighting for Public Libraries*］京藤松子訳、日本図書館協会、1982、317p。

なお、著者のひとりであるWhitney North Seymour, Jr. の父、Whitney North Seymour, Sr. は、一九五三年「読書の自由」採択時に同声明に署名している。

34 Office for Intellectual Freedom of the American Library Association, comp.『図書館の原則：図書館における知的自由マニュアル（第3版）』［*Intellectual Freedom Manual 3rd Edition*］川崎良孝、川崎佳代子訳、日本図書館協会、1991、414p。

35 Office for Intellectual Freedom of the American Library Association, comp.『図書館の原則 新版：図書館における知的自由マニュアル（第5版）』［*Intellectual Freedom Manual 5th Edition*］川崎

良孝、川崎佳代子訳、日本図書館協会、1997、478p。

36 Robbins, Louise S.『検閲とアメリカの図書館：知的自由を擁護するアメリカ図書館協会の闘い　１９３９年―１９６９年』[Censorship and the American Library: the American Library Association's Response to Threats to Intellectual Freedom, 1939-1969] 川崎良孝訳、日本図書館研究会、1998、p. 324。

37 塩見昇『知的自由と図書館』青木書店、1989、260p。

38 川崎良孝『図書館の自由とは何か：アメリカの事例と実践』教育史料出版会、1996、235p。

39 福井佑介『図書館の倫理的価値「知る自由」の歴史的展開』松籟社、2015、254p。

40 同上

41 Gellhorn, Walter『言論の自由と権力の抑圧』[*Individual Freedom and Governmental Restraints*]. 猪俣幸一他訳、1959、277p。

42 日本図書館情報学会用語辞典編集委員会編「検閲」『図書館情報学用語辞典』丸善出版、2013、p. 61-62。

43 Office for Intellectual Freedom of the American Library Association, comp.『図書館の原則 改訂4版：図書館における知的自由マニュアル（第9版）』[*Intellectual Freedom Manual 9th Edition*] 川崎良孝、福井佑介、川崎佳代子訳、日本図書館協会、2016、p. 271。

44 日本図書館情報学会用語辞典編集委員会編「読書の自由」『図書館情報学用語辞典』丸善出版、2013、p. 171。

45 同上

46 前掲注36、p. 239-246。

第2章　「読書の自由」声明とは何か

1　「読書の自由」声明に関わる団体

本章ではまず、「読書の自由」声明の成立に関わる団体である、アメリカ図書館協会とアメリカ出版会議の活動を中心に、一九五〇年代のアメリカ図書館界と出版界を概観する。また、一九五三年採択時の「読書の自由」声明の主文の内容と、一九七二年、一九九一年、二〇〇〇年、二〇〇四年の改訂時の論点と改訂の内容を整理する。

在任期間	氏名
1950-1951	Clarence R. Graham
1951-1952	Loleta Dawson Fyan
1952-1953	Robert Bingham Downs
1953-1954	Flora Belle Ludington
1954-1955	L. Quincy Mumford
1955-1956	John S. Richards
1956-1957	Ralph R. Shaw
1957-1958	Lucile M. Morsch
1958-1959	Emerson Greenaway

表 2-1　アメリカ図書館協会歴代会長
出典："ALA's Past Presidents," American Library Association. http://www.ala.org/aboutala/history/past,（accessed 2019-06-06）.

2　アメリカ図書館協会

アメリカ図書館協会は、一八七六年に設立された図書館員を中心とした専門職団体である。図書館サービスとライブラリアンシップの促進を目標とし、一〇〇年以上にわたって継続的な活動を行っている。

アメリカ図書館協会会長の任期は一年で、毎年の年次大会で選出される[1]。選挙後一年目は次期会長を務め、二年目は会長、三年目は前会長を務める[2]。

一九五〇年から一九五九年までのＡＬＡ会長の在任期間と氏名を示したのが表２－１である。

アメリカ図書館協会事務局長は理事会（Executive Board）によって任命され、本部職員の代表として予算の執行等にあたる[3]。一

在任期間	氏名
1920-1948	Carl H. Milam
1948 (July-August)	Harold F. Brigham
1948-1951	John Mackenzie Cory
1951-1972	David H. Clift

表 2-2　アメリカ図書館協会歴代事務局長
出典："Past Executive Directors & Secretaries," American Library Association. http://www.ala.org/aboutala/history/past-executive-directors,（accessed 2019-06-06）.

九二〇年代から一九五〇年代までＡＬＡ事務局長を務めた人物は表２－２に示す四名である。[4]

一九二〇年から一九四八年までの約三〇年間、カール・Ｈ・マイラム（Carl H. Milam）が事務局長を務めた。マイラムの退任後は、ハロルド・Ｆ・ブリガム（Harold F. Brigham）が二ヶ月間、暫定的に事務局長を務めている。一九四八年九月から一九五一年の約三年間はジョン・マッケンジー・コリー（John Mackenzie Cory）が事務局長を務めた。コリーは自身を「過激派」（extremist）と称する、強固な知的自由の支持者であった。[5] コリーがニューヨーク公共図書館へ移った後、一九七二年までの約二〇年間にわたってデイヴィッド・Ｈ・クリフト（David H. Clift）が事務局長を務めている。「読書の自由」声明採択時のＡＬＡ事務局長はこのクリフトであった。

2－1　アメリカ図書館協会知的自由委員会

アメリカ図書館協会は理事会や評議会（Council）など本部組織のほかに多数の部会、委員会、ラウンドテーブルなどの下部組織を有している。これらのうち、知的自由に関する諸問題に取り組んできたのが知的自由委員会（Committee on Intellectual Freedom）である。

知的自由委員会は一九四〇年に「図書館利用者の探求の自由の権利を守るための知的自由委員会」（Committee on Intellectual Freedom to Safeguard the Rights of Library Users to Freedom of Inquiry）として設立された。[6] 一九四七年に「知的自由委員会」（Committee on Intellectual Freedom）に改称されたが、慣用的に Intellectual Freedom Committee を短縮した形でＩＦＣと呼称されている。[7]

知的自由委員会の主な活動内容は、知的自由に関する方針の作成、検閲に関する情報の収集と提供、知的自由予備会議の開催、知的自由に関するプログラムの策定と実施である。[8] 知的自由委員会のメンバーは二年任期を基本とし、さらに二年間再任される場合もある。[9] 一九五二～五三年度の知的自由委員会のメンバーは委員長のディックス、事務局長のポール・ビクスラー（Paul Bixler）を含めて一一名である。[10] ディックスは一九五一～五二年度も委員長を務めており、[11] 一九六九～七〇年度にはＡＬＡ会長も務めた。[12] ビクスラーは一九五五～五六年度まで知的自由委員会事務局長を務めている。[13]

2-2 アメリカ出版会議

アメリカ出版会議のロバート・フレース（Robert Frase）の論考[14]と、ダン・レーシー（Dan Lacy）とフレースによる論考[15]によると、アメリカの出版者による業界団体を組織しようとする試みは、二〇世紀初頭から断続的に行われていた。

アメリカにおいて出版者による業界団体の先駆けとなったのは一九〇〇年に設立されたアメリカ出版社協会（American Publishers Association：APA）である。アメリカ出版社協会は一九一四年に第一次世界大戦の開戦に伴って解散しており、再び出版者による業界団体が設立されるのは一九二〇年のことであった。しかし、一九二〇年に設立されたアメリカ書籍出版社協会（The American Association of Book Publishers：AABP）も、一九三七年には世界恐慌により活動を停止している。これ以降、アメリカ書籍出版社協会の下部組織である書籍出版局（Book Publishers Bureau）がその役割を果たした。また、第二次世界大戦中の一九四二年から一九四六年までは戦時図書協議会（The Council on Books in Wartime）が米軍向けのペーパーバック出版（Armed Service Edition：ASE）を行っていた[16]。

アメリカ出版会議が設立されたのは第二次世界大戦の終結後、一九四六年のことである。アメリカ出版会議はその後、一九七〇年にアメリカ教育出版協会（American Educational Publishers Institute：AEPI）と合併し、現在のアメリカ出版協会（Association of American Publishers：AAP）[17]になっている。アメリカ出版会議設立の中心となったのは、ハーパー・アンド・ロウ社（Harper

& Row）[18]のキャス・キャンフィールド（Cass Canfield）、マクグロウ・ヒル社（McGraw-Hill）のカーティス・マクグロウ（Curtis McGraw）、ヴァイキング社（Viking Press）のハロルド・ギンズバーグ（Harold Guinzburg）、ダブルディ社のダグラス・M・ブラック（Douglas M. Black）など業界を代表する書籍出版社の経営者であった。[19]

一九五〇年代当初のアメリカ出版会議は、以下の五つを主な活動目的としていた。[20]

（1）書籍出版業界における出版物の取引状況の整備・改善
（2）国内外の書籍出版流通の動向、著作権、書籍販売業者の信用情報、税制、保険の動向を会員に報告すること
（3）書籍出版者と読者、図書館員、書店、書籍製造業者の相互の関係の促進
（4）書籍出版業界に関する意見交換・発信の場としての役割を果たすこと
（5）書籍業界に対し、世界でのアメリカの出版物の需要拡大に向けた適切な支援を行うこと

これらの活動目的から、アメリカ出版会議が業界団体として出版物の取引や流通などの実務面の課題解決を目指していたことがわかる。さらに、他の出版業界団体とのネットワーク作りに加えて、図書館員との関係促進を重視していた。[21]

アメリカ出版会議の事務長を務めたセオドア・ウォーラー（Theodore Waller）は、一九八一年

に出版された報告書 *The International Flow of Information: A Trans-Pacific Perspective* に寄せた論考の中で、一九五〇年代初頭の図書館界と出版界について振り返っている。ウォーラーはこの論考の中で「一九五〇年代初頭のアメリカにおいて、本に関わる業界(book world)の主たる要素の間には、悲惨なことにほとんど接触がなかった」[22]と回顧し、出版、印刷、書店、図書館など業界間の連携の乏しさを指摘している。ウォーラーは当時の出版界や図書館界において、図書館員と出版者の関係が希薄であっただけでなく、作家との関係も同様に乏しいものだったと評価している。さらに、アカデミアにおいても「コミュニケーション学者たちはラジオ、テレビ、雑誌、新聞などのマスメディアやコミックは研究の対象とする一方で、図書を研究や教育の中で取り上げることは少なかった」[23]と振り返っている。ウォーラーの回顧とこの当時のアメリカ出版会議の活動目的を重ねあわせると、まさにこの時期に、アメリカ図書館協会とアメリカ出版会議が組織的連携を深めようとしていたことが窺い知れる。

では、このアメリカ出版会議とはどのような規模の団体だったのだろうか。アメリカ出版会議の会員数は、一九五三年五月一日付のアメリカ出版会議年次報告の予備報告[24]によると、一〇六団体である。この年に新しく加盟したメンバーにはアメリカ図書館協会も含まれている。ウォーラーは毎年アメリカで出版される図書の八五%がアメリカ出版会議に加盟している出版社によるものであると述べている[25]。

一九五〇年から一九五九年までの会長の氏名と所属を示したのが表2−3である。事業年度

在任期間	氏名	所属
1950-1951	John O'Connor	Grossett & Dunlap, Inc.
1952-1953	Douglas M. Black	Doubleday & Co., Inc.
1954-1955	Donald S. Klopfer	Random House, Inc.
1956-1957	Harold Guinzburg	Viking Press, Inc.
1958-1959	Curtis G. Benjamin	McGraw-Hill Book Company

表 2-3　アメリカ出版会議歴代会長
出典：Frase, Robert W. "American Book Publishers Council," *Encyclopedia of Library and Information Science*, Vol. 1. Allen Kent and Harold Lancour, eds. New York, Marcel Dekker, 1968, p. 240-241.

は五月一日からとなっている。

アメリカ出版会議の常務役員（Managing Director）は理事会（Board of Directors）によって任命される。[26] 任期はおおむね三年間となっているが、長期にわたり在任する例も存在する。[27] 一九四六年から一九四九年の三年間はハリー・ウェスト（Harry West）が担当した。一九四九年から一九五一年の三年間は常務役員が置かれず、事務長（Executive Secretary）であるドナルド・キャメロン（Donald Cameron）が実質的な業務を担当した。一九五一年から一九五三年にかけてはウォーラーが常務役員を担当した。ウォーラーの後をレーシーが引き継ぎ、一九五三年から一九六六年一〇月末までの一三年間にわたり常務役員を務めた。なお、ウォーラーは一九五三年から一九五六年の三年間、ＡＬＡ知的自由委員会のメンバーでもあった。[28] レーシーは、一九五六年から一九六二年までの六年間、ＡＬＡ知的自由委員会のメンバーを務めていた。[29]

アメリカ出版会議には理事会と複数の委員会が存在しており、一九五三年度には一二の委員会が存在していた。執行委員会（Executive Committee）を除き、一一のすべての委員会に委員長が置かれており、反検閲、出版流通、著作権、広報、読書振興、リプリント事業、統計など多岐にわたる活動を行っていた(30)。このうち、読書発達委員会（Committee on Reading Development）は農村部での読書振興プロジェクトに関わるなど、アメリカ出版会議の中でも特に活発な活動を行っていた(31)。

3 「読書の自由」声明の現在

一九三九年にアメリカ図書館協会が採択した「図書館の権利宣言」以降、アメリカにおいて図書館が知的自由を支持するという基本的方針は様々な文書において繰り返し確認されてきた。とりわけ、「図書館の権利宣言」、「読書の自由」、「倫理綱領」（Code for Ethics）、「図書館：アメリカの価値」（Libraries: An American Value）の四つはアメリカ図書館協会の知的自由に関する基本方針を示した中核文書として位置づけられている(32)。

「読書の自由」は一九五三年にアメリカ図書館協会とアメリカ出版会議が合同で発表した声明である。一九五三年五月二日から三日に開催されたウェストチェスター会議における議論を中心として成立したこの声明は「読書の自由は、アメリカの民主主義に欠かせない」という一文から始まり、[33]前文、七つの主文と副文、後文で構成されている。同声明は「図書館の権利宣言」が示す知的自由の理念を基に、民主主義社会において自由な読書が果たす役割と価値を論じており、現在も出版関係者や教育関係者を中心に、表現の自由を支持する八つの団体が声明を承認している。アメリカ図書館協会の知的自由に関する基本方針の中で「読書の自由」のみが唯一、アメリカ出版会議との共同採択であり、現在も図書館外の団体から採択・承認されている点は特筆すべきである。[34]また、アメリカでは図書館の蔵書構築の指針として、しばしば「図書館の権利宣言」とともに「読書の自由」が採用される。アメリカ図書館協会一四〇年の歴史をまとめた論考の中でも、アメリカ図書館協会の歴史における六つの重要な出来事の一つとして「読書の自由」成立が挙げられており、アメリカ図書館界においては民主主義社会における図書館の役割を示し、知的自由の理念を唱導する者として図書館員を役割づけた体験として認識されていることが窺い知れる。[35]

以下では、一九五三年「読書の自由」声明と、「読書の自由」声明成立後、最初の改訂であった一九七二年改訂と、一九九一年改訂、および二〇〇〇年以降の改訂について検討する。

3-1　「読書の自由」一九五三年版

一九五三年に採択された「読書の自由」声明の主文は以下の七項目から構成されている。

「読書の自由」（抜粋）

1．出版者や図書館員は、最大限に多様な見解や表現を提供することで公益に資する。こうした見解や表現は、多数派にとって正統でないもの、評判の悪いものを含む。

2．出版者や図書館員は、提供する図書が含むすべての思想や意見を承認する必要はない。出版者や図書館員が、自分の政治的、道徳的、それに美的見解を唯一の基準として、図書の出版や流通を決定することは公益に反する。

3．出版者や図書館員が図書の受け入れを決定するに際して、著者の個人的な経歴や政治的な所属だけで決定するのは公益に反する。

4．猥褻についての現行法は、積極的に適用すべきである。しかしそれ以外、すなわち他人の好みを強制したり、成人を青少年向きの読書資料に拘束したり、芸術的表現を試みる作家の努力を禁じたりする超法規的な試みは、アメリカ社会と無縁である。

5．図書や著者に破壊的とか危険といったラベルを貼ることは、読者に先入観を強いることになり公益に反する。

6．個人やグループが、自分の基準や好みをコミュニティ全体に押しつけてくる場合がある。出版者や図書館員は、住民の読書の自由を守るために、こうした侵害と闘う責任がある。

7．出版者や図書館員は、思想や表現の質を豊かにする図書を提供することによって、読書の自由に完全な意味を与える責任を持つ。図書に携わる人は、この積極的な責任を果たすことで、悪書への答えは良書であり、悪い思想への答えは良い思想であるということを示すことができる。

以下の団体が承認している。

アメリカ図書館協会評議会　一九五三年六月二五日

アメリカ出版会議理事会　一九五三年六月一八日(36)

一九五三年版「読書の自由」第一条は、出版者と図書館員は「最大限に多様な見解や表現を提供する」というものである。ここでは、出版者と図書館員が多様な情報を提供する立場にあるとの主張が表明されている。

第二条では出版者や図書館員は、「提供する図書が含むすべての思想や意見を承認する必要はない」と明言している。「読書の自由」声明に先んじて、一九五一年に採択された「ラベリング声明」の第二条では、「図書館に雑誌や図書が置かれているからといって、図書館がその内容を推奨しているのではない」と述べられている。「読書の自由」声明においても同様の考え方が反映されているといえる。

第三条では、出版者や図書館員は「図書の受け入れを決定するに際して、著者の個人的な経歴や政治的な所属だけで決定」しないと述べられている。「図書館の権利宣言」第一条では、著者を理由とする資料の排除を禁止しており、「読書の自由」においても同様の方針が表明されている。

第四条では、「猥褻についての現行法は、積極的に適用すべきである」と述べる一方で、「他人の好みを強制したり、成人を青少年向きの読書資料に拘束したり、芸術的表現を試みる作家の努力を禁じたりする超法規的な試み」を否定している。

第五条は、ラベリングに関する条項である。「図書や著者に破壊的とか危険といったラベルを貼ること」は「読者に先入観を強いる」として禁じている。

第六条は、検閲への抵抗を示した箇所である。「個人やグループが、自分の基準や好みをコミュニティ全体に押しつけてくる場合」には、出版者と図書館員は読書の自由を守るため抵抗すると述べられている。

第七条は、出版者と図書館員は読書の自由を守る責任を持ち、「思想や表現の質を豊かにする図書を提供する」役割を持つことを示している。ここでは、表現の「送り手」としての出版者と図書館員の責任が示されるとともに、表現の「受け手」としての読者の存在が示唆されている。

3-2 「読書の自由」一九七二年改訂

一九五〇年代後半においては、公民権運動の拡大や、フェミニズム運動の高まり、またそれに伴う性規範の変化を受け、表現の自由は拡大される傾向が続いた。一九五八年にアメリカ国内で初めてパトナム社（G. P. Putnam's Sons）からナボコフの『ロリータ』（*Lolita*）が出版され、翌一九五九年にはグローブ社（Grove Press）がロレンスの『チャタレイ夫人の恋人』（*Lady Chatterley's Lover*）出版をめぐる裁判で勝訴している。一九六〇年代は、一九六四年にはヘンリー・ミラー（Henry Miller）の『北回帰線』（*Tropic of Cancer*）を猥褻文書とした判決が覆されるなど、人々の性表現に対する価値観が大きく変化していく時代であった。また、一九六三年にはベティ・フリーダン（Betty Friedan）による『新しい女性の創造』（*The Feminine Mystique*）が出版され、ベストセラーになっている。(37)

こうした社会の動きを反映し、一九六七年の「図書館の権利宣言」の改訂では、第五条に「年齢」が加わり、「図書館の利用に関する個人の権利は、その人の年齢、人種、宗教、出生国、あるいは社会的、政治的な見解のゆえに、拒否されたり制限されることがあってはならない」[38]となった。また一九六七年一二月一日付で、ＡＬＡ知的自由部部長にジュディス・Ｆ・クラグ（Judith F. Krug）が着任し、正式にＡＬＡ知的自由部が設置されることになった[39]。知的自由部の設置は、一九六五年に知的自由委員会が事務組織の設置と常勤職員の配置を求めたことをきっかけに、長らくＡＬＡ内で検討されていたが、予算問題や適任者の不在により延期されていた[40]。

ところが、一九六八年に入るとベトナム戦争をめぐる対立が激しさを増し、それまでの開かれた自由な社会を目指す動きに対する反発から、今度は保守主義の勢力が強まった[41]。こうした動きを反映し、一九六八年の秋に「読書の自由」声明の改訂が検討され始めた。知的自由委員会は、「読書の自由」の歴史的意義を認め、声明の基本方針は一九七〇年代においても有効であるとの考えを示したうえで、現在の社会における圧力や、今後予想されうる圧力にも対応可能な新しい声明の作成に取り組むべきであるとの結論を示している。また、この時に第四条「猥褻についての現行法は、積極的に適用すべきである」とする文言の改訂ないしは削除が提案された。

この一九六八年秋の知的自由委員会の決定を受けて、新しい声明の作成が検討された[42]。まず、一九六九年にワシントンＤＣで開催されたＡＬＡ冬期大会で、エドウィン・キャスタグナ（Edwin Castagna）、ピーター・ジェニソン（Peter Jennison）、ジュディス・Ｆ・クラグ、ダン・レーシー、セオドア・ウォーラーの六名からなる小委員会が設置されている。レーシーとウォーラーは一九五三年版「読書の自由」声明採択時の中心人物である。この小委員会のメンバーが中心となり、一九六九年にアトランティック・シティで開催されたＡＬＡ年次大会では、（1）「読書の自由」声明の改訂を行うのか、それとも新しく別の文書を作成するのか、（2）一九七〇年代に予想されうる様々な圧力にどのように対応するか、という二つの点を中心に議論が行われた。また、この一九六九年ＡＬＡ年次大会での会議において、読書の自由は知的自由と異なるものなのか、知的自由の概念はプライバシーの侵害なども含むものなのか、図書以外のメディアの対象とすべきかといった、「読書の自由」の概念を取り巻く様々な論点が提示されている。

一九六九年のＡＬＡ冬期大会で設置された小委員会は、ＡＬＡ年次大会での会議の後に、八月にも小委員会を開催している。[43] ここではウィリアム・デジョン（William DeJohn）、フリーマン・ルイス（Freeman Lewis）、ハリエット・ピルペル（Harriet Pilpel）、リチャード・サリヴァン（Richard Sullivan）らの四名が新しく小委員会のメンバーに加わっている。これ以降、ジェニソンが中心となり複数の草案が作成され、そのうちの一つが知的自由委員会の承認を受けるものの、再び別の草案が作成され、新たにアメリカ出版会議理事会や知的自由委員会の承認を受けるといった動きが繰り返されている。一九七〇年ＡＬＡ冬期大会の後には、新声明の草案「第一の自由の約束：自由な人間の声明」（The Promise of the First Freedom: A Statement of Free Man）が知的自由部へと提出されたが、知的自由部はこの新声明を承認せず、代わりに「読書の自由」声明を改訂することを求めた。この改訂は知的自由部とアメリカ出版協会のW・レスター・スミス（W. Lester Smith）を中心に行われた。

一九七二年版の主たる変更箇所は、以下の三ヶ所である。(44) まず、第四条の主文の冒頭の「猥褻についての現行法は、積極的に適用すべきである」という箇所が削除されている。また、同じ第四条の副文の最後にあった「未成熟な好み、発育の遅い好み、それに不適応な好みの要求を満たすことは嘆かわしい。しかし、自由にかかわる人たちが理解すべき責任は、一つ一つの図書や出版物の内容や価格、それに流通方法がどうであれ、デュー・プロセスによって扱わねばならないという点である。」という二文が削除されている。さらに、第二条の主文は一九五三年版では「出版者や図書館員は」が主語だったが、一九七二年版以降は「出版者や図書館員や書籍商は」となっており、書店の役割を明示する文言が盛り込まれた。

一九七二年の「読書の自由」声明改訂をめぐる知的自由委員会と知的自由部の対立は、両者の組織構造の違いによるものである。知的自由関連文書の作成は知的自由委員会が中心に行われており、知的自由部はその事務部門という位置づけである。知的自由委員会のメンバーは年度ごとに入れ替わるが、知的自由部の職員は専任であるため、ノウハウや経験は知的自由部の側に蓄積される。川崎は、実質的には知的自由部が知的自由委員会の動きを主導する場合が多く、特にクラグが知的自由部部長を務めた期間はその傾向が強かったと述べている。(45)

3−3　「読書の自由」一九九一年改訂

一九九一年の声明改訂は、評議会を通さない小改訂であり、声明本文の大掛かりな改訂は行われていない。一九九〇年六月のＡＬＡ年次大会において、アメリカ出版協会のリチャード・クリーマン（Richard Kleeman）が一部の性差別的な語句の変更を提案したこと、また、諸外国の読書に関する状況も反映することが提案された。(46)また、この時期には芸術や音楽に対する検閲についても「読書の自由」の範囲とするかが議論された。翌一九九一年一月には当初のクリーマンの提案に基づき、性差別的語句を除いた版と、読書に関する国際的な状況を盛り込んだ版の二つの草案が作成されている。最終的には諸外国の事情については「読書の自由」以外の文書で言及すべきであるとの理由から、性差別的語句を除いた版が採択されている。

具体的な修正箇所としては、第三条で用いられていた“free men”を“free people”へ、第五条で用いられていた“his mind”を“their minds”へと変更しているほか、第七条で用いられていた“bookmen”を“they”などの人称代名詞に変更したり、“publishers and librarians”のように、より具体的な表現へと改めるといった作業が行われている。(47)

3−4　「読書の自由」二〇〇〇年・二〇〇四年改訂

二〇〇〇年以降、「読書の自由」は二〇〇〇年と二〇〇四年に二度の改訂を行っている。二〇〇〇年改訂は、主にインターネット環境への適用を目的とした改訂である。前文の内容が現代の情報環境に適した表現に改められたほか、主文についても一部の文言が改められた。具体的な修正箇所の例として、一九七二年版「読書の自由」第三条の「出版者や図書館員が図書の受け入れを決定するに際して、著者の個人的な経歴や政治的な所属で決定するのは公益に反する」は、二〇〇〇年版では「出版者や図書館員が著者の個人的な経歴や政治的な所属に依拠して、著作へのアクセスを禁じるのは公益に反する」となっている(48)。

二〇〇四年の改訂は、二〇〇一年九月一一日の同時多発テロ事件以降の政治状況を反映した内容である。同事件を受け、アメリカでは同年一〇月にテロ対策法として「愛国者法」(USA Patriot Act)が成立した。「愛国者法」の第二一五条は、連邦捜査局(FBI)が捜査の過程で図書館利用記録を利用することを認める内容を含むものであった(49)。アメリカ図書館協会は、利用者のプライバシー保護を理由として、この第二一五条に一貫して反対の姿勢を示していた。こうした状況を受け「読書の自由」声明の一部の文言について改訂が進められた。二〇〇四年改訂における主な修正箇所として、一九七二年版「読書の自由」声明の前文に存在した「検閲者」(censor)の語が削除されたほか、文中の「市民」(citizens)の語が、「他者」(others)や「個人」(indivisuals)、「アメリカ人」などに変更されている(50)。

現行版である二〇〇四年版の「読書の自由」声明は以下の通りである。

「読書の自由」（二〇〇四年版）

1．出版者や図書館員は、最大限に多様な見解や表現を提供することで公益に資する。こうした見解や表現は、多数派にとって正統でないもの、評判の悪いもの、危険と考えられるものを含む。

2．出版者や図書館員や書籍商は、提供する一つ一つの思想や意見を承認する必要はない。出版者や図書館員や書籍商が、自分の政治的、道徳的、それに美的見解を基準として、出版や流通すべきものを決定することは公益に反する。

3．出版者や図書館員が、著者の個人的な経歴や政治的な所属に依拠して、著作へのアクセスを禁じるのは公益に反する。

4．他人の好みを強制したり、成人を青少年向きの読書資料に拘束したり、芸術的表現を試みる作家の努力を禁じたりする試みは、アメリカ社会と無縁である。

5．ある表現やその著者に破壊的とか危険といったラベルを貼ることは、読者に先入観を強いることになり公益に反する。

6．個人やグループが、自分の基準や好みをコミュニティ全体に押しつけてくる場合がある。また政府が公的情報への一般のアクセスを削減したり否定しようとする場合もある。出版者や図書館員は、住民の読書の自由の擁護者として、こうした自由への侵害と闘う責任がある。

7．出版者や図書館員は、思想や表現の質と多様性を豊かにする図書を提供することによって、読書の自由に完全な意味を与える責任を持つ。すべての出版者や図書館員は、この積極的な責任を果たすことで、「悪」書への答えは良書であり、「悪い」思想への答えは良い思想であるということを示すことができる。

以下の団体が承認している。

アメリカ図書館協会評議会
アメリカ出版会議理事会(51)

第2章では、「読書の自由」声明の成立に関わる団体である、アメリカ図書館協会とアメリカ出版会議を対象に、一九五〇年代のアメリカ図書館界と出版界を概観した。特に、アメリカ出版界の図書館界に対する意識として、一九五三年ウェストチェスター会議の開催以前から、図書館界と出版界の連携の必要性が認識されていたことが明らかになった。

また、一九五三年採択時の「読書の自由」声明の主文の内容と、最初に改訂がなされた一九七二年の議論と改訂の内容を述べた。「読書の自由」声明は一九九一年、二〇〇〇年、二〇〇四年にも改訂が行われているが、いずれもアメリカ出版協会との共同採択である。アメリカ図書館協会の知的自由に関する中核文書のうち、現在も図書館外の団体から公式に採択・承認されている文書は「読書の自由」声明のみである。「読書の自由」声明は、アメリカ図書館界における知的自由の理念を形成するという役割に加えて、図書館以外の関係者との協同を前提としているという点で、独自の役割を果たしてきたといえる。

注

1 Office for Intellectual Freedom of the American Library Association, comp.『図書館の原則 改訂3版：図書館における知的自由マニュアル（第8版）』[*Intellectual Freedom Manual 8th Edition*] 川崎良孝、川崎佳代子訳、日本図書館協会, 2010, p. 513-515。

2 同上

3 同上

4 "Past Executive Directors & Secretaries," American Library Association. http://www.ala.org/aboutala/history/past-executive-directors, (accessed 2019-06-06).

5 Francoeur, Stephen "Prudence and Controversy: The New York Public Library Response to Post-War Anti-Communist Pressures," *Library & Information Science History*. Vol. 27, No. 3, p. 140-160. また、コリーはＡＬＡ事務局長時代に日本の図書館学校設置やロバート・ギトラーの来日などに関わっている。司書職の傍らコロンビア大学で三〇年以上にわたって図書館学を教えており、一九五八年には三ヶ月間、慶應義塾大学でも教鞭をとっている。今まど子、高山正也編著『現代日本の図書館構想：戦後改革とその展開』勉誠出版、2013、250p。および Sullivan, Peggy "Cory, John McKenzie（1914-1988）," *Dictionary of American Library Biography, Second Supplement*, Davis, Donald G. ed., Westport, Connecticut, Libraries Unlimited, 2003, p. 55-58.

6 Robbins, Louise S.『検閲とアメリカの図書館：知的自由を擁護するアメリカ図書館協会の闘い　１９３９年－１９６９年』［Censorship and the American Library: the American Library Association's Response to Threats to Intellectual Freedom, 1939-1969］川崎良孝訳、日本図書館研究会、1998、p. 25。

7 同上

8 前掲注６、p. 27-28。

9 "Intellectual Freedom Committee（IFC)," American Library Association. http://www.ala.org/aboutala/committees/ala/ala-if,（accessed 2019-06-06).

10 前掲注６、p. 224-233。

11 同上

12 "ALA's Past Presidents," American Library Association. http://www.ala.org/aboutala/history/past,（accessed 2019-06-06).

13 前掲注６、p. 224-233。

14 Frase, Robert W. "American Book Publishers Council," *Encyclopedia of Library and Information Science*, Vol. 1. Allen Kent and Harold Lancour, eds. New York, Marcel Dekker, 1968, p. 238-243.

15 Lacy, Dan and Robert W. Frase "The American Book Publishers Council," *The Enduring Book: Print Culture in Postwar America*. David Paul Nord et al. ed., Chapel Hill, Published in association with the American Antiquarian Society by the University of North Carolina Press, 2009, p. 195-209.,（*A*

History of the Book in America, Volume 5）.

16 Manning, Molly Guptill.『戦地の図書館：海を越えた一億四千万冊』［*When Books Went to War: The Stories That Helped Us Win World War II*］松尾恭子訳、東京創元社、2016、257p。

17 教科書出版社については、一九四二年二八社を中心に American Textbook Publishers Institute が設立されている。その後一九六二年に American Educational Publishers Institute へと改称している。Graham, Gordon W. and Richard Abel. *The Book in the United States Today*. Transaction Publishers, 1997, p. 26.

18 ハーパー社(Harper & Brothers)は一九六一年に教科書出版社であるロウ・ピーターソン社(Row, Peterson & Company）を合併し、ハーパー・アンド・ロウ社（Harper & Row）となった。"Cass Canfield, a titan of publishing, is dead at 88," *New York Times*. Mar 28 1986, Late Edition（East Coast）, p. D.15.

19 Waller, Theodore. "The United States Experience in Promoting Books, Reading, and the International Flow of Information," *The International flow of information: a trans Pacific perspective.* John Y. Cole, ed. Library of Congress, 1981, p. 13-17,（The Center for the Book viewpoint series, No. 7）.

20 Waller, Theodore. "Expanding the Book Audience," *Books and the Mass Market*. Harold K. Guinzburg, Robert W. Frase, and Theodore Waller. University of Illinois Press, 1953, p. 43-66

21 同上

22 前掲注19

23 同上

24 Douglas M. Black "Annual Report（Preliminary)," Manuscript Reading Room, Library of Congress, Washington, D.C., The Central File: MacLeish-Evans, Container 871, Library Cooperation 18.

25 前掲注20

26 前掲注15

27 同上

28 前掲注6、p. 224-233。

29 同上

30 前掲注15

31 前掲注20

32 Office for Intellectual Freedom of the American Library Association, comp.『アメリカ図書館協会の知的自由に関する方針の歴史：『図書館における知的自由マニュアル』第9版への補遺』［*A History of ALA Policy on Intellectual Freedom: A Supplement to the Intellectual Freedom Manual, Ninth Edition*］川崎良孝訳、京都図書館情報学研究会、2016、p. 101-103。

33 同上、p. 81-86。

34 現在はアメリカ出版協会（ＡＡＰ）「読書の自由委員会」との共同採択である。

35 Wiegand, Wayne A. "ALA's Proudest Moments: Six Stellar Achievements of the American Library

Association in Its 140-Year History," *American Libraries*. Vol. 47, No.6, 2016, p. 32-39.

36 前掲注32、p. 81-86。

37 Fox, Margalit. "Betty Friedan, Who Ignited Cause in 'Feminine Mystique,' Dies at 85," *New York Times*. February 4, 2006. https://www.nytimes.com/2006/02/04/national/betty-friedan-who-ignited-cause-in-feminine-mystique-dies-at-85.html,（accessed 2019-06-06）.

38 前掲注6、p. 186。

39 前掲注6、p. 191。

40 前掲注6、p. 183。

41 前掲注32、p. 86-94。

42 同上

43 同上

44 同上

45 川崎良孝ほか『図書館員と知的自由：管轄領域、方針、事件、歴史』京都図書館情報学研究会、2011、p. 27。

46 前掲注32、p. 94-100。

47 Office for Intellectual Freedom of the American Library Association, comp. *Intellectual Freedom Manual 5th Edition*, Chicago and London, American Library Association, 1997, p. 127-132.

48 前掲注32、p. 94-100。

49 高鍬裕樹「知的自由に関する法の動向~愛国者法、ＣＩＰＡ、ＣＯＰＡ、ＤＯＰＡ~」『米国の図書館事情２００７：２００６年度国立国会図書館調査研究報告書』国立国会図書館関西館図書館協力課編、日本図書館協会、2008、p. 25-29。

50 前掲注32、p. 94-100。

51 前掲注32、p. 81-86。

第3章　「読書の自由」を論じる

1　ウェストチェスター会議から「読書の自由」採択へ

本章では「読書の自由」成立の起点となった、一九五三年ウェストチェスター会議に着目して「読書の自由」声明の成立過程を明らかにする。「読書の自由」成立へとつながる契機となったのは、一九五三年二月にシカゴで開催されたＡＬＡ冬期大会である。この会議で知的自由委員会委員長ディックスが昨今の検閲問題について議論する機会が必要であると述べ、小規模な非公式会議の開催が決定した。表３－１では「読書の自由」成立の流れを示す。

ＡＬＡ冬期大会での決定を受けて、アメリカ図書館協会とアメリカ出版会議の共催により五月二日から三日の二日間にわたって、ニューヨーク州ライ（Rye）のウェストチェスター・カ

年月日	事項
1953 年 2 月 3 日〜 7 日	1953 年 ALA 冬期大会
5 月 2 日〜 3 日	ウェストチェスター会議
	複数回の検討委員会
6 月 18 日	アメリカ出版会議理事会 「読書の自由」採択
6 月 20 日〜 21 日	第 2 回知的自由会議
6 月 21 日〜 27 日	第 72 回 ALA 年次大会
6 月 25 日	ALA 評議会 「読書の自由」採択

表 3-1 「読書の自由」成立の流れ

ントリー・クラブで「読書の自由」に関する会議が行われた。図書館界・出版界における図書への検閲について出席者による議論が交わされた後、検討委員会の設置が決定され、会議出席者のうち五名による声明本文の細かな検討が行われた。ウェストチェスター会議から約一ヶ月半後の六月一八日にアメリカ出版会議理事会により声明が採択された後、六月二〇日と二一日の二日間にわたってカリフォルニアのウィッティア大学（Whittier College）にてALA知的自由委員会による第二回知的自由会議が開催されている。[1] さらに六月二一日からはロサンゼルスにて第七二回ALA年次大会が開催されており、[2] 会期中の六月二五日にALA評議会は「読書の自由」声明を採択している。これ以降、複数のメディアが「読書の自由」声明について報じるとともに、ALAによりパンフレット「読書の自由」の配布が行われた。[3] パンフレット版の署名者の一覧を表３－２

氏名	所属と役職
Luther H. Evans	議会図書館長、ウェストチェスター会議議長
Bernard Berelson	フォード財団行動科学部長
Mrs. Barry Bingham	ルイヴィル・クーリエ新聞
Paul Bixler	アンティオク大学図書館長 ALA 知的自由委員会
Douglas M. Black	ダブルディ社社長、ABPC 会長
Charles G. Bolté	ABPC 事務長
Cass Canfield	ハーパー社取締役会長 ABPC 読書振興委員会委員
Robert K. Carr	ダートマス大学法政治学教授
David H. Clift	ALA 事務局長
John M. Cory	ニューヨーク公共図書館貸出部長
William Dix	プリンストン大学図書館長 ALA 知的自由委員会委員長
Robert B. Downs	イリノイ大学図書館長、ALA 会長
Walter Gellhorn	コロンビア大学法学教授
Harold K. Guinzburg	ヴァイキング社社長 ABPC 読書振興委員会委員長
Arthur A. Houghton, Jr.	スティーブン硝子会社社長
Richard Barnes Kennan	全米教育協会 「教育によって民主主義を守る全国委員会」書記長
Chester Kerr	イェール大学出版局長 アメリカ大学出版局協会「出版の自由委員会」委員長
Lloyd King	アメリカ教科書出版協会事務局長
Donald S. Klopfer	ランダムハウス社秘書兼会計役 ABPC 反検閲委員会委員長
Alfred A. Knopf	アルフレッド・A・クノップ社社長
Dan Lacy	ABPC 常務役員
Harold D. Lasswell	イェール大学法科大学院法政治学教授
David E. Lilienthal	ビジネス・マネジメント社、ニューヨーク市
Flora Belle Ludington	マウント・ホリヨーク大学図書館長 ALA 次期会長
Horace Manges	ABPC 顧問
Ralph McGill	アトランタ・コンスティチューション編集長
Robert K. Merton	コロンビア大学社会学教授
John O'Connor	グロセット & ダンラップ社社長、ABPC 前会長
Leo Rosten	作家、コネティカット州スプリングデール
Ruth Rutzen	デトロイト公共図書館
Francis R. St. John	ブルックリン公共図書館館長
Whitney North Seymour	ニューヨーク市法律家協会前会長
Theodore Waller	ニュー・アメリカン・ライブラリー編集担当副社長 ABPC 前常務役員
Bethuel M. Webster	ニューヨーク市法律家協会会長 共和国基金顧問
Victor Weybright	ニュー・アメリカン・ライブラリー社長兼編集長 ABPC「リプリント委員会」委員長
Thomas J. Wilson	ハーヴァード大学出版局長 アメリカ大学教授協会前会長

表 3-2 「読書の自由」声明　署名者一覧
出典：Robbins, Louise S.『検閲とアメリカの図書館：知的自由を擁護するアメリカ図書館協会の闘い　1939 年 − 1969 年』[Censorship and the American Library: the American Library Association's Response to Threats to Intellectual Freedom, 1939-1969] 川崎良孝訳, 日本図書館研究会 , 1998, p. 239-246. をもとに筆者作成

パンフレット「読書の自由」（2015 年 3 月撮影）

出典：American Library Association and American Book Publishers Council. *The Freedom to Read: A statement prepared by the Westchester Conference of the American Library Association and the American Book Publishers Council, May 2 and 3, 1953.* Chicago, American Library Association, 1953, 6p, American Library Association Archives at the University of Illinois at Urbana-Champaign, Record Series 18/1/26, Box 3, Folder: Committees - Intellectual Freedom, 1941-62.

に示す。

2　ウェストチェスター会議の参加者

ウェストチェスター会議は当初から非公開での開催が予定されていたため、公式議事録および報告書は作成されていない。(4)しかし、出席者に向けて作成された内部資料として、議事録の概要（Summary of Proceedings）が存在する。(5)本書ではこの資料を議事録として扱う。明確な章立てはないものの、土曜日午後、土曜日夜、日曜日午前の三つのパートに分けられており、各セッションの議論の内容についてまとめられている。

ウェストチェスター会議議事録の一ページ目は、会議出席者のリストで、議長ルーサー・H・エヴァンスを含めた三一名の氏名、所属と役職、および出席日程が記されている。アメリカ出版会議事務長のボルテの名はリストには含まれていないものの、議事録の末尾に彼の名が記されている。バーナード・ベレルソン（Bernard Berelson）は土曜日のセッションのみに出席しており、キャス・キャンフィールド、アルフレッド・A・クノップ（Alfred A. Knopf）、レオ・ロステン（Leo Rosten）が日曜日のセッションのみに出席している。出席者三一名のうち、この四名を除く二八名は、二日間にわたって出席した。

表3－3では、ウェストチェスター会議の出席者とその所属と役職の一覧を示した。さらに、ウェストチェスター会議出席者について、属性のカテゴリ化を試みた。カテゴリは①図書館関係者（図書館員またはALA関係者）、②出版関係者（出版社、新聞社、出版関係団体所属の人物）、③研究者、④法律家、⑤作家、⑥その他の六つである。カテゴリ化にあたり、複数の役職を兼任する人物については最初に示された所属に分類した。また、過去の役職と当時の役職が併記されている場合は、当時の役職を優先した。所属に大学名が示されており、大学教員であることが明らかな人物については役職・分野を問わず研究者とした。

ウェストチェスター会議の出席者は三二名であり、その内訳は、①図書館関係者一〇名、②出版関係者一五名、③研究者三名、⑤作家一名、⑥その他が三名であった。④法律家は〇名であった。また、三二名の出席者のうち、パンフレット「読書の自由」に署名したのは二九名で、署名しなかったのは三名であった。

その他に分類された出席者三名のうち、アーサー・A・ホートン・ジュニア（Arthur A. Hougton Jr.）はスティーブン・グラス社（Steuben Glass）の社長でありながら、貴重書の収集家として知られた人物であり、議会図書館貴重書部門の職員を経験するなど、[6] 文化・芸術分野への造詣が深かった。[7] ホートン・ジュニアは、ウェストチェスター会議終了後に声明本文の検討のため組織された検討委員会にも参加している。また、リチャード・B・ケナン（Richard B. Kennan）は全米最大の教育者による団体、全米教育協会（National Education Association）「教育に

氏名	所属と役職	カテゴリ
Luther H. Evans	議会図書館長、ウェストチェスター会議議長	①
Donald Armstrong	元アメリカ陸軍准将、アーリントン・ブックス、ワシントン	②
Bernard Berelson	フォード財団行動科学部長	③
Paul Bixler	アンティオク大学図書館長、ALA 知的自由委員会	①
Douglas M. Black	ダブルディ社社長、ABPC 会長	②
Charles G. Bolté	ABPC 事務長	②
Robert K. Carr	ダートマス大学法政治学教授	③
Cass Canfield	ハーパー社取締役会長、ABPC 読書発達委員会委員	②
David H. Clift	ALA 事務局長	①
John M. Cory	ニューヨーク公共図書館貸出部長	①
William Dix	プリンストン大学図書館長、ALA 知的自由委員会委員長	①
Robert B. Downs	イリノイ大学図書館長、ALA 会長	①
Harold K. Guinzburg	ヴァイキング社社長、ABPC 読書発達委員会委員長	②
A. A. Houghton, Jr.	スティーブン・グラス社社長	⑥
Richard B. Kennan	全米教育協会「教育によって民主主義を守る全国委員会」書記長	⑥
Chester Kerr	イェール大学出版局長、 アメリカ大学出版局協会「出版の自由委員会」委員長	②
Orm Ketcham	共和国基金	⑥
Lloyd King	アメリカ教科書出版協会事務局長	②
Donald S. Klopfer	ランダムハウス社秘書兼会計役、ABPC 反検閲委員会委員長	②
Alfred A. Knopf	アルフレッド・A・クノップ社社長	②
Dan Lacy	ABPC 常務役員	②
Harold D. Lasswell	イェール大学法科大学院法政治学 教授	③
Paul Lewis	プレス・インテリジェンス社、ワシントン D.C.	②
Milton Lord	ボストン市立図書館長	①
Flora B. Ludington	マウント・ホリヨーク大学図書館長、ALA 次期会長	①
Horace Manges	ABPC 顧問	②
John O'Connor	グロセット & ダンラップ社社長、ABPC 前会長	②
Leo Rosten	作家、コネティカット州スプリングデール	⑤
Ruth Rutzen	デトロイト公共図書館	①
Francis R. St. John	ブルックリン公共図書館館長	①
Theodore Waller	ニュー・アメリカン・ライブラリー社編集担当副社長、ABPC 前常務役員	②
Victor Weybright	ニュー・アメリカン・ライブラリー社社長兼編集長、 ABPC リプリント委員会委員長	②

表 3-3　ウェストチェスター会議出席者
出典：ウェストチェスター会議議事録 *1、ウェストチェスター会議出席者リスト *2*3、パンフレット「読書の自由」*4、*Library Journal*（1953 年 8 月号）*5 および *Publishers Weekly*（1953 年 7 月 4 日号）*6 をもとに筆者作成

*1 Bolté, Charles G. "ALA/ABPC Conference on the Freedom to Read, Westchester County Club, Rye, New York, May 2 and 3, 1953," LC, Central File: MacLeish-Evans, Container 871, Folder: Library Cooperation 18.

*2 "Participants—Westchester Conference," LC, Central File: MacLeish-Evans, Container 871, Folder: Library Cooperation 18.

*3 "Westchester Conference Participants," LC, Central File: MacLeish-Evans, Container 871, Library Cooperation 18.

*4 American Library Association and American Book Publishers Council. The Freedom to Read: A statement prepared by the Westchester Conference of the American Library Association and the American Book Publishers Council, May 2 and 3, 1953. American Library Association, 1953, 6p.

*5 "The Freedom to Read," *Library Journal*. Vol.78, No. 14, 1953, p. 1272-1275.

*6 "Publishers Council and ALA adopt Declaration, "The Freedom to Read,"" *Publishers' Weekly*. Vol. 164, No. 1, 1953, p. 16-19.

氏名	所属と役職	カテゴリ
A. Whitney Griswold	イェール大学学長	③
Morris Hadley	弁護士、ニューヨーク公共図書館館長	④
Meyer Kestnbaum	ハート・シャフナー＆マークス社、経済開発委員会委員長	⑥
Dean Rusk	ロックフェラー財団理事長	⑥
Whitney N. Seymour	ニューヨーク市法律家協会前会長	④
Bethuel N. Webster	ニューヨーク市法律家協会会長、共和国基金顧問	④
Charles Wyzanski	連邦地方裁裁判官	④
Curtis Bok	フィラデルフィア第 6 一般訴訟裁判所裁判官	④
Barry Bingham	ルイヴィル・クーリエ新聞	②
Erwin D. Canham	クリスチャン・サイエンス・モニター紙	②
James P. Baxter III	ウィリアムズ大学学長	③
Walter Gellhorn	コロンビア大学法学教授	③
Ralph McGill	アトランタ・コンスティチューション編集長	②
James M. Landis	弁護士	④
Robert K. Merton	コロンビア大学社会学教授	③
Henry S. Commager	コロンビア大学歴史学教授	③
David E. Lilienthal	ビジネス・マネジメント社、ニューヨーク	④
Margaret Clapp	ウェルズリー大学学長	③
Huntington Cairns	ナショナル・ギャラリー・オブ・アート	⑥
George N. Shuster	ハンター大学学長	③
Thomas J. Wilson	ハーヴァード大学出版局長、アメリカ大学教授協会前会長	②
George Kennan	連邦国務省	⑥

表 3-4　ウェストチェスター会議欠席者
出典：ウェストチェスター会議欠席者リスト（"Westchester Conference—Invited but unable to attend," LC, The Central File: MacLeish-Evans, Container 871, Folder: Library Cooperation 18. および "Possible Signers--Invited but unable to attend," LC, The Central File: MacLeish-Evans, Container 871, Folder: Library Cooperation 18.）をもとに筆者作成

よって民主主義を守る全国委員会」（Commission for the Defense of Democracy through Education）書記長であり、教育団体関係者では唯一の出席者であった。オルム・ケッチャム（Orm Ketcham）は共和国基金（Fund for Republic）の職員であり、法律家としても著名な人物であったが、パンフレット「読書の自由」には署名していない。[8] ケッチャムと同様に、会議には出席したものの声明には署名しなかった人物は、ドナルド・アームストロング（Donald Armstrong）とポール・ルイス（Paul Lewis）であった。

ウェストチェスター会議の欠席者は表3－4に示すように二二名であった。欠席者の内訳は、②出版関係者四名、③研究者七名、④法律家七名、⑥その他四名であった。図書館関係の欠席者はいなかった。

欠席者二二名のうち、後にパンフレット「読書の自由」に署名しているのは、バリー・ビンガム（Barry Bingham）、ウォルター・ゲルホーン、ロバート・K・マートン（Robert K. Merton）、ラルフ・マクギル（Ralph McGill）、ホイットニー・ノース・セイマー（Whitney North Seymour）、ベトエル・M・ウェブスター（Bethuel M. Webster）、デイヴィッド・E・リリエンタール（David E. Lilienthal）[9]、トーマス・J・ウィルソン（Thomas J. Wilson）の八名だった。

会議を欠席し、パンフレット「読書の自由」にも署名していない人物は一四名である。このうち、出版関係者は *Christian Science Monitor* のアーウィン・D・キャナム（Erwin D. Canham）一名のみであった。[10]

研究者五名は欠席かつ署名もしていない。また、法律家四名も欠席かつ署名もしていない。経済開発委員会委員長であったマイアー・ケステンバウム（Meyer Kestnbaum）、ロックフェラー財団理事長ディーン・ラスク（Dean Rusk）、ナショナル・ギャラリー・オブ・アートのハンティントン・ケアンズ（Huntington Cairns）、連邦国務省のジョージ・ケナン（George Kennan）の四名も、欠席かつ署名していない。

ウェストチェスター会議の議長には議会図書館長であったエヴァンスが任命された。当初は議会図書館副館長ヴァーナー・W・クラップ（Verner W. Clapp）が招かれ報告を行う予定であったが、不参加となったため、検閲をめぐる問題を十分理解しており、国の要職にあるとともに、会議の計画と実施において知的自由委員会のディックスやアメリカ出版会議のダン・レーシーと打ち解けた関係で仕事ができる人物として、エヴァンスが選出された[11]。レーシーはアメリカ出版会議に移る以前は議会図書館の図書館員であった[12]。

ウェストチェスター会議の出席者は出版関係者が一五名と最も多く、出席者の約半数を占めていた。図書館関係者は一〇名が出席しており、出版関係者および図書館関係者が過半数を占めることがわかった。一方で、出版関係者、図書館関係者ともに所属や役職は様々であり、多様な視点から議論を交わすことが可能であったと考えられる。また、会議に出席した研究者三名のうち、ロバート・K・カー（Robert K. Carr）[13]はダートマス大学教授、ハロルド・D・ラスウェル（Harold D. Lasswell）[14]はイェール大学教授といずれも大学教授であり、ベレルソンも前シカゴ大学教授であった。[15] このように学術界の要職にある人物がウェストチェスター会議に出席していたこと、また、会議には出席していないものの、法律家三名も「読書の自由」声明に署名していることから、知的自由や検閲に関わる諸問題を学術的観点から論じることが意図されていたといえる。

「読書の自由」の成立に際しては、一九五三年五月二日から三日の二日間にわたって図書館界と出版界を中心とした非公式の議論の場が持たれた。会場名からウェストチェスター会議と呼ばれるこの会議では、図書館関係者、出版関係者に加えて「公益の代表者」として研究者、法律家、その他の専門家など約三〇名が集められ、「読書の自由」に関する議論が交わされた。[16]

ウェストチェスター会議の開催にあたっては、事前にワーキングペーパーが作成されている。[17] ワーキングペーパーは各出席者に送付されており、その流れに沿う形で議論が進められた。ワーキングペーパーの本文は、「目的」「前提」「最近の圧力」「論点」の四章構成になっている。

ウェストチェスター会議は当初から非公開での開催が予定されていたため、公式な議事録および報告書は作成されていない。しかし、出席者に向けて作成された内部資料として、議事録の概要がある。本書ではこのアメリカ議会図書館所蔵の一次史料を「議事録」と呼称する。[18]

アメリカ議会図書館所蔵のウェストチェスター会議議事録は、アメリカ出版会議事務長のチャールズ・G・ボルテ（Charles G. Bolté）がウェストチェスター会議の出席者に宛てた手紙に同封されている。一九五三年五月一五日付のこの手紙によると、ボルテが議事録を作成し、出席者に送付したことが確認できる。また、作成にあたっては議長であるエヴァンスとアメリカ図書館協会のスタッフに確認を依頼したと記されている。加えて、この議事録は会議出席者の確認のためだけに作成されており、一般流通や出版を目的としたものではないことが明記されている。[19]

同封されたウェストチェスター会議の議事録はタイプ打ちで、分量は五ページである。付録などは添付されておらず、本文のみである。明確な章立てはないものの、土曜日午後・土曜日夜・日曜日午前の三つのパートに分けられており、各セッションの議論の内容についてまとめられている。

議事録の一ページ目には、タイトルとして「アメリカ図書館協会・アメリカ出版会議 読書の自由に関する会議」（ALA/ABPC CONFERENCE ON THE FREEDOM TO READ）と書かれており、その下に会場と日程が書かれている。また、右端には非公開（NOT FOR PUBLICATION）と記されている。一ページ目は、会議の出席者のリストになっており、議長であるエヴァンスを含めた三二名の氏名、所属と役職、および出席した日程が記されている。ボルテの名は上記のリストには含まれていないものの、議事録の末尾に彼の名が記されている。

第3章では「読書の自由」声明の成立過程を明らかにした。まず、一九五三年二月のＡＬＡ冬期大会から、同年六月のＡＬＡ年次大会での「読書の自由」声明採択までの流れを整理した。

さらに、一次史料の検討を通じて、読書の自由を議論する場として開催されたウェストチェスター会議の出席者を明らかにした。

一九五〇年代のアメリカ図書館協会の知的自由に関する活動において、知的自由委員会委員長は重要な役割を果たした。また、ALA会長ロバート・B・ダウンズ（Robert B. Downs）も、会長としてリーダーシップを発揮していた。

特に、図書館界・出版界の両方で重要な役割を果たしていたのが、アメリカ出版会議のレーシーであった。レーシーは国際情報局時代に海外向けの出版事業に関わった経験から、アメリカ出版会議のウォーラーやフレースとも近い関係にあり、図書館界・出版界双方の事情に通じていた。[20] ジョン・ヤング・コール（John Young Cole）は、レーシーはアメリカ出版会議を離れた一九六六年以降、業界の指導者は彼ほど図書館界と出版界の連携を重視していなかったと述べている。[21] 図書館界と出版界に通じた人物がウェストチェスター会議を先導したことにより、「読書の自由」声明という理念的成果がもたらされたといえる。

先に述べたように「読書の自由」が示す内容はその他のアメリカ図書館協会の基本文書とは一線を画し、図書館そのものではなく図書とそれを読む自由が持つ価値に焦点を当てている。図書館や図書館員、出版者といった場所や役割ではなく「読者のための自由」というより広い概念に着目することによって、読書に関わるあらゆる人々に対し、その重要性を訴えることが可能となった。

注

1　Robbins, Louise S.『検閲とアメリカの図書館：知的自由を擁護するアメリカ図書館協会の闘い　１９３９年－１９６９年』［Censorship and the American Library Association's Response to Threats to Intellectual Freedom, 1939-1969］川崎良孝訳、日本図書館研究会、1998、p. 107-109。

2　"Tentative Program 72nd Annual ALA Conference Los Angeles, June 21-27," *ALA Bulletin*. Vol. 47, No. 5, 1953, p. 212-218.

3　前掲注１、p. 107-115。

4　アメリカ出版会議事務長のボルテがウェストチェスター会議の出席者に宛てた一九五三年五月一五日付の手紙から、ボルテが出席者向けの議事録を作成し、出席者に送付したことが確認できる。手紙には、同封した議事録は出席者同士の個人的な確認を目的に作成されており、一般流通や出版を目的としたものではないことが明記されている。
Bolté, Charles G. to Participants in the Westchester Conference on the freedom to read, 1953 May 15, Manuscript Reading Room, Library of Congress, Washington, D.C.［以下、ＬＣ］, Central File: MacLeish-Evans, Container 871, Folder: Library Cooperation 18.

5　議事録はタイプ打ちで、分量は一五ページである。

6 "Press Release, Office of the Librarian, Library of Congress, March 31, 1940," LC, Freedom's Fortress: The Library of Congress, 1939-1953. http://hdl.loc.gov/loc.mss/mff.001023,（accessed 2019-06-06）.

7 George, James "Arthur Houghton Jr, 83, Dies; Led Steuben Glass:［Obitunary］," *New York Times*. April 4, 1990. p. B.8.

8 Schudel, Matt. "D.C. Juvenile Court Judge and Activist Orman Ketham Dies," *The Washington Post*. December 17, 2004, https://www.washingtonpost.com/archive/local/2004/12/17/dc-juvenile-court-judge-and-activist-orman-ketcham-dies/31f4c42f-7638-4908-80e3-1431453c0aa4/,（accessed 2019-06-06）.

9 リリエンタールは弁護士など複数の職業を経てテネシー川流域開発公社（ＴＶＡ）理事長、原子力委員会初代委員長などを歴任している。パンフレット「読書の自由」では所属はビジネス・マネジメント（Business Management）となっているが、*Library Journal*（一九五三年八月号）および *Publishers Weekly*（一九五三年七月四日号）では弁護士（lawyer）として紹介されているため、表３－４では法律家として分類した。また、欠席者リストでは、投資銀行であるラザード・フレール社（Lazard Freres）の所属となっている。リリエンタールの経歴は以下を参照。
Ingham, John N. *Biographical Dictionary of American Business Leaders: H-M*. Greenwood Press, 1983, p. 796-798.

10 キャナムは一九四八年には国連の「情報の自由に関する会議」米国代表団の副団長を、またアイゼンハワー政権下では全国マンパワー評議会代表やアメリカの情報政策やプロパガンダに関わる活動を行った情報委員会（Commission on Information）の委員を務めた。また、一九五九年にはアメリカ商工会議所の会長を務めている。Dicke, William. "Erwin Canham, Longtime editor of Christian Science Monitor, dies.," *New York Times.* 1982 January 4. http://www.nytimes.com/1982/01/04/obituaries/erwin-canham-longtime-editor-of-christian-science-monitor-dies.html,（accessed 2019-06-06）.

11 Lacy, Dan to Luther Evans, April 9, 1953, LC, Central File: MacLeish-Evans, Container 871, Library Cooperation 18.

12 前掲注1、p. 106-107。

13 ロバート・K・カーは自由権、公民権を専門とする政治学者である。トルーマン大統領の公民権委員会の事務局長を務めたほか、下院非米活動委員会に関する著作（*The House Committee on Un-American Activities, 1945–1950*, 1952）でも知られる。

14 ラスウェルは新シカゴ学派の中心人物であり『権力と人間』（*Power and Personality*, 1948）など著作で知られる著名な政治学者であった。第二次世界大戦中はアメリカ議会図書館の戦時コミュニケーション研究部（Experimental Division for the Study of War Time Communications）で部長を務め、その後も一九五五～五六年アメリカ政治学会会長を務めた。

15 ベレルソンは『内容分析』（*Content Analysis in Communication Research*, 一九五二）やポール・F・ラザーズフェルドとの共著『ピープルズ・チョイス』（*The People' Choice*, 一九四四）で知られる行動科学者である。一九四七年の公共図書館調査の成果報告書の一部として刊行された公共図書館利用者に関する調査報告書（*The Library's Public: A Report of the Public Library Inquiry*）など、図書館学分野の功績でも知られる。ベレルソンの経歴については下記を参照のこと。Asheim, Lester. "Berelson, Bernard Reuben（1912-1979)," *Supplement to the Dictionary of American Library Biography*. Wiegand, Wayne A., ed. Libraries Unlimited, 1990, p. 12-15.

16 Office for Intellectual Freedom of the American Library Association, comp.『アメリカ図書館協会の知的自由に関する方針の歴史：『図書館における知的自由マニュアル』第9版への補遺』［*A History of ALA Policy on Intellectual Freedom: A Supplement to the Intellectual Freedom Manual, Ninth Edition*］川崎良孝訳、京都図書館情報学研究会、2016、p. 79。

17 "Working Paper, ALA/ABPC Conference on the Freedom to Read, Westchester Country Club, Rye, New York, May 2-3, 1953," 23 April 1953, Record Series 18/1/26, Box 3, Folder: Committees - Intellectual Freedom, 1941-62, American Library Association Archives at the University of Illinois at Urbana-Champaign.

18 Bolté, Charles G. "ALA/ABPC Conference on the Freedom to Read, Westchester County Club, Rye, New York, May 2 and 3, 1953," LC, Central File: MacLeish-Evans, Container 871, Folder: Library Cooperation 18.

19 Bolté, Charles G. to Participants in the Westchester Conference on the freedom to read, 1953 May 15, LC, The Central File: MacLeish-Evans, Container 871, Folder: Library Cooperation 18.

20 Nord, David Paul, Joan Shelley Rubin and Michael Schudson. *The Enduring Book: Print Culture in Postwar America*. Chapel Hill, the University of North Carolina Press, 2009, p. 195-209. (*A History of the Book in America*, Volume 5).

21 Cole, John Y. "Is There a Community of the Book? An Introduction," *The Community of the Book: A Directory of Selected Organizations and Programs*. Carren Kaston, ed. Library of Congress, 1986, p. 11.

第4章　ウェストチェスター会議

本章では、ワーキングペーパー、議事録、完成した一九五三年版「読書の自由」声明の三つの文書を中心に「読書の自由」声明成立までの流れを解明する。「読書の自由」に先立ち、一九五一年に発表された「ラベリング声明」には「共産主義」(communism)、「破壊的」(subversive)といった文言が盛り込まれていた。(1) 一方、「読書の自由」においてはこうした反共主義を反映した語は出現しない。また「読書の自由」は「図書館の権利宣言」とは異なり、アメリカ出版会議との共同採択であることから、声明作成にあたってはアメリカ出版会議のメンバーを中心とした出版界の意向も反映されていたと考えられる。ウェストチェスター会議のため事前に作成されたワーキングペーパーの内容、ウェストチェスター会議における議論の実態、さらに議論の内容が「読書の自由」声明にどのように反映されたのかを詳細に検討することで、読書の自由をめぐる論点がどのように精査されていったかを明らかにする。

1　ワーキングペーパー――どのような論点が用意されていたのか

ウェストチェスター会議の開催にあたっては、事前にワーキングペーパーが用意され、参加者に送付されていた。このワーキングペーパーは、「目的」「前提」「最近の圧力」「論点」の四章構成になっている。本節では、この章立てに沿って内容をまとめる。

1-1　目的

ワーキングペーパーの「目的」の章では、ウェストチェスター会議開催における以下の四つの目的が掲げられている。(2)

1. アメリカ人が持つ、「自らが選んだものを読む自由」を擁護する際の出版者と図書館員の権利と責任を明らかにする。

2. 読書の自由を制限しようとする最近の動向の展開について分析する。

3. 容認されうる表現と容認されない表現の境界はどこに引かれるべきか、その線引きを行うのは誰かを検討する。

4．この領域における市民の関心を確かめ、もしこの会議で合意が得られれば、読書の自由を主張する手段について検討する。

第一の目的では、すべてのアメリカ国民が自由に読書する権利を持つという前提が提示されている。ここでは、その権利を維持し続けるために行動することは出版者と図書館員に共通する権利であり、また責任でもあると述べられている。さらに、その出版者と図書館員の権利および責任の範囲を明らかにすることを目指している。

第二の目的は、「読書の自由を制限しようとする動き」について述べている。「読書の自由を制限しようとする動き」の広がりを受けて、その実態を分析することを目指している。ここで示されている「読書の自由を制限しようとする動き」は、赤狩りによる図書館蔵書への検閲や書店へのボイコット運動、学校図書館の蔵書や教科書選択に対する圧力の増加を示唆している。

第三の目的は、「容認されうる表現と容認されない表現」について述べている。読者からの苦情や流通規制の対象となる表現と、そうでない表現を判断する基準がどのように決められ、誰がその判断をするべきかを議論することを求めるものである。

第四の目的は、「読書の自由を主張する手段」について述べている。まず「この領域」、つまり読書の自由の問題に対し、市民がどのような関心を持っているのかを確かめることが必要であると述べられている。さらに、「この会議」つまりウェストチェスター会議の場で「読書の自由を主張する手段」について一定の合意を得ることが目指されている。

1-2 前提

ワーキングペーパーの「前提」の章では、議論の上で共有されるべき以下の五つの前提が示されている。以下ではワーキングペーパーを引用し、項目ごとの内容を分析する。(3)

1. 合衆国憲法修正第一条と州憲法の同様の条項は、図書をその保護下に含んでおり、国のあらゆる行政区分に対しその保護が義務付けられている。

2. 自由なコミュニケーションは創造的な文化と自由な社会を維持するために不可欠である。

3. 順応を志向する現在の圧力は、探究と表現の範囲および多様性を制限する危険のあらわれである。

4. 図書にかかわるすべての人は特にこのような侵害に注意すべきである。なぜならすべてのコミュニケーション・メディアの中でも図書はあらゆる事実やアイデア、人間の経験を自由に表現することに優れたものであるからである。

5．出版と流通の自由は読書の自由を守るために維持されるべきであり、これが有効であればこそ、読者は様々なものが提供される中から自由に選ぶことが可能になる。

第一の前提では、アメリカ合衆国憲法修正第一条に明記されている「表現の自由」について言及されている。修正第一条および各州の憲法の条項が示す「表現の自由」の理念は、その自由が保障される対象として図書を含むことを確認している。また、アメリカ合衆国内のどの行政区分においても、この表現の自由の保障は適応されると主張している。さらに、第二の前提では、創造的な文化と自由な社会は重要であるという観点から、この二つが維持されるためには、自由な情報流通が行われる必要があると述べている。

第三の前提では、まず、アメリカ社会において「順応」（conformity）[4]を求める圧力が増していることを指摘している。その上で、この圧力が探究と表現の幅広さや多様性を制限することにつながると述べ、その危険性を訴えている。第二の前提と同様に、第三の前提にも「読書の自由」声明の前文の中に類似する文が存在し、「順応を求める圧力は、探究と表現の範囲や多様性を限定する危険があると信じる」と述べられている。[5]

第四の前提では、第一の前提から第三の前提を踏まえて、読書に関わる人々に対し、表現の自由の侵害に注意すべきであると警告している。その理由として、様々なコミュニケーション・メディアの中でも、図書は事実、思想、人類の経験などを多岐にわたり自由に表現することにおいて、卓越した力を持っているからであると述べられている。

第五の前提では、出版の自由、流通の自由と読書の自由について言及している。出版の自由と流通の自由が、読書の自由を守るためには必要であり、維持されなければならないと述べられている。さらに、この読書の自由が効力を発揮するためには、様々な観点に立った資料が提供され、その中から読者が自由に選び取ることができなければならないとしている。第五の前提も、「読書の自由」声明前文の中に類似する文言が存在する。声明前文の中では、「各自の読書の自由を保持するために、出版と流通の自由を油断なく守らなくてはならない」こと、そして「読者が多種多様な図書から自由に選択することを可能にすること」によって、読書の自由が実質化されると述べられている。

1–3　最近の圧力

ワーキングペーパーの第3章にあたる「最近の圧力」では、マッカーシズムによる検閲運動の広がりについて論じられている。「不忠誠と破壊」(disloyalty and subversion) および「猥褻とポルノグラフィー」(obscenity and pornography) の二つの視点から、理論的な分析が行われている。(6) 以下ではその内容をまとめる。

「不忠誠と破壊」、つまり共産主義に対する圧力については、まずアメリカ国内における順応主義の広がりが指摘され、さらに、テレビ、ラジオ、映画、雑誌、新聞といったマスメディアが、表現の自由に対する圧力の増加に影響を与えていると述べられている。マスメディアは基本的に視聴者が好まない情報は提供しないため、視聴者は自分が好む視点に立った情報だけを入手することになり、特定の視点に偏った情報に晒され続けることで、人々は文化的に凡庸な存在になっていると分析されている。表現の自由に対する圧力が増加している要因は視聴者、つまり市民の側にあると述べる一方で、社会の均一化は政治的・社会的圧力の結果であるとも述べられている。共産主義の脅威に対する恐れが表現の自由への圧力へとつながった要因として、「共産主義に関する思想を広めることも国家転覆である」とする世論の存在を挙げている。

「猥褻とポルノグラフィー」の視点からは、政治や思想だけではなく、性道徳（sexual morality）の領域における圧力の増加が指摘されている。性表現に対する圧力は共産主義に対する圧力よりは少ないとする一方で、高い文学的価値を持つ作品にも検閲が行われてきたという歴史や、映画、ラジオ、テレビに対する規制が文化的創造性を空洞化させること、さらに、道徳的圧力と政治的圧力の根源は同じであり、相互に強化される関係にあると述べられている。また、具体例として連邦職員への忠誠審査[7]とギャシングス委員会による報告書に触れ、道徳的検閲を行う際の仕組みが政治的検閲にも適応されているとして、その危険性を訴えている。

さらに、共産主義に対する圧力と性表現に対する圧力の違いとして、性表現に対する圧力は共産主義に対する圧力のような法的手段によるものではなく、民間の団体や個人によるボイコット運動のような形で現れると述べられている。具体例として、こうしたボイコット運動の論拠となっている「雑誌やコミック、安価なペーパーバックが子供に悪影響を与える」という主張に対し、読書と行動の関連には科学的根拠が存在しないとする反論が展開されている。

このように、教育、映画、放送、新聞、書籍出版、そして図書館といった、あらゆる情報流通の手段に対し、政治的・道徳的圧力がかけられていることが改めて指摘されている。さらに、一部の強硬派の動きが世論に影響を与えることの危険性が強調され、それによって表現の自由が狭められることのないよう注意するべきだと述べられている。そして、読者が受けとる表現が制限されることを防ぐために、出版者と図書館員は圧力に抵抗するだけでなく、自らの使命を明確にする課題を有している、と総括されている。

1-4 論点

ワーキングペーパーの第4章に当たる「論点」は、目的や前提と同様に、構造化された文章である。分量は約四ページである。「出版者と図書館員の圧力」、「図書館員特有の問題」、「破壊と不忠誠」、「猥褻とポルノグラフィー」、「私的行動と公共政策」の五つの主要な議題が用意され、その下に各議題に関する詳細な論点が列挙されている。以下では、ワーキングペーパーから本文を引用しつつ、各論題に沿ってその内容を示す(8)。

(1) 出版者と図書館員の役割

第一の議題「出版者と図書館員の役割」は以下の四つの論点に分けられている。

1. 思想の流通における出版者と図書館員の役割とは何か。出版者と図書館員は責任ある案内人であるべきか、ただ人々の好みのものを供するだけなのか。

2. 出版者と図書館員は他のメディアにおいても順応を助長する大衆の圧力を考慮し、コミュニケーションの多様性を実現するため、明確な手段を講じるべきなのか。不人気な見解や順応していない(non-conforming)表現を流通させるために特別な責任を持つべきか。

3. 出版者と図書館員は、市民の読む権利を有効なものとする活動に、どの程度貢献すべきだろうか。一般市民は明らかに法で禁じられているもの以外はなんでも読む権利を持つのだろうか。図書館や出版者のリストから除外されるべき図書が存在すると考えるなら、その除外の基準とは何なのか。

4. 出版者と図書館員は著者の個人的・政治的背景を無視して、図書をその内容のみによって判断すべきだろうか。この問いに対する回答と同じことが政府の海外情報政策で使用される図書の選択においても言えるだろうか。例えば、ハワード・ファスト（Howard Fast）[9]やダシール・ハメット（Dashiell Hammett）[10]のような共産主義者に親和的な著者が、非政治的な図書を出版することや、その図書を図書館が購入することも制限されるのだろうか。

第一の論点は出版者と図書館員の役割について、「責任ある案内役」か「ただ人々の好みのものを供するだけなのか」という問題提起を試みている。また第二の論点は、多様な情報流通の実現のために出版者や図書館員が果たすべき責任を論じている。

第三の論点は市民の読む権利の実質化と法の問題について述べられている。さらに第四の論点では、図書選択の基準について述べられている。著者の経歴や政治的立場が図書を選ぶ際に考慮されるべきかどうか、また「政府の海外情報政策で使用される図書の選択」についても論じられている。さらに、ファストやハメットなどの共産主義に親和的な著者を名指しして、たとえ政治的主張を含まない場合でも、彼らの著作は禁じられるべきかと問いかけている。

(2) 図書館員特有の問題

第二の議題「図書館員特有の問題」は、五つの論点から構成されている。

1. 図書館はどこまで市民の「探り出す権利」の支持者たりえるのか。

2. 上記の問いを実践するのであれば、図書館は予算の許す限り市民の求める図書を所蔵しなければならないのだろうか。悪趣味なもの、事実に照らして不正確なもの、偏見の強いものであっても、市民が求めるのであれば所蔵しなければならないのだろうか。

3. 市民の多くが反対したのであれば、少数派の意見がただ率直に表明されたものだったとしても、その図書は図書館の書架から取り除かれなければならないのだろうか。

4. 図書館は異なるイデオロギーを支持する資料を貸し出すべきだろうか。図書館の役割には、共産主義の立場に立った意見を読者が入手できるようにしておくことも含まれるだろうか。共産主義者であることを公言している人物による資料と、共産主義に親和的な表現の間に線引きがされるべきだろうか。「破壊的」な資料に図書館が「ラベリング」をするべきだろうか。もしそうなら、ラベルを貼るための基準は何だろうか。

5. 公共図書館は中立的役割を担うのだろうか。公共図書館の選書は特定の思想の振興を志向するべきだろうか。公共図書館の役割とは教育者か、それともただの保存庫なのだろうか。公共図書館の教育的役割は、大学の教室で行われるような、思考を刺激することや事実情報の提供だけに留まるのだろうか。

第一の論点では、図書館員特有の問題として、市民が「探り出す権利」（right to find out）を行使することをどこまで手助けすべきかと問いかけている。さらに第二の論点では、第一の論点の具体例として、市民の要求に基づく資料選択の可否について論じている。図書館員は利用者の要求であれば、「悪趣味なもの、事実に照らして不正確なもの、強い偏見を持ったもの」であっても、図書館に所蔵するべきなのかと問いかけている。

第三の論点では、多数の市民の要望を理由に書架から図書を取り除くことについて問いを投げかけている。「出版者と図書館員の役割」の第二の論点では、少数派の意見の流通を保証することについて論じられたが、ここでは少数派の意見の流通について図書館員による実践の側面から言及されている。

第四の論点では、第三の論点で論じられた少数派の意見を含んだ図書の例として、異なる価値観に立った図書の取り扱いについて述べられている。異なる価値観の例として、共産主義の立場から書かれた図書を利用者が入手できる可能性を保証すべきかどうかを問いかけている。さらに、明らかに共産主義の立場から書かれた図書と、共産主義に親和的な立場の図書を区別する必要性について疑問を投げかけ、ラベリングを行うことへの疑念を呈している。

第五の論点では、図書館の蔵書の中立性が図書館の中立性につながるという立場から公共図書館の中立性について論じられている。公共図書館はあくまで事実情報の提供という中立的な役割を果たすことに努めるべきか、それとも積極的に教育的役割を担うべきかを問いかけている。

(3) 破壊と不忠誠

ワーキングペーパーでは、読書の自由を制限しようとする動きについて、第三の議題「破壊と不忠誠」および第四の議題「猥褻とポルノグラフィー」に分けて取り扱っている。第三の議題「破壊と不忠誠」については以下の三つの論点が示されている。

1. 国を転覆させるような図書というのは存在するだろうか? すなわち、民主主義社会において、社会が蝕まれるという恐怖から、差し止められるべき図書というのは存在するのだろうか。もしそうなら、一般的な意見に対し異議を唱えることと欺瞞行為の線引きはどこに敷かれるのだろうか。だれがその線引きをするのだろうか。「議論の自由によって小麦をもみ殻から取り出す」という伝統的理論は、もはや有効ではないのだろうか。

2. 出版者や図書館員は、その立場において反体制的になり得るだろうか(他の一般市民も成し得る行為であるが、「一般市民と比較して」という意味である)。国家の安全保障の課題は出版社や図書館で働く職員の忠誠に影響されるものなのだろうか。そこには合理的な公共の利益があるのだろうか。それは、専門家ではない人々の意見や出版者と図書館員との連携に基づいたものなのだろうか。

3．出版者は社員の政治的関心や経歴に注意を払ったり、責任を負ったりすべきか（専門的職務に就く社員が一般的ではない思想を持っており、一方でそのことが組織全体の方針と大きく対立しないと仮定した場合である）。図書館員については、税金によって運営されているという組織の性質を考慮するならば、民間企業の社員とは異なる事例として扱うべきか？

第一の論点では、いわゆる「破壊的」（subversive）な図書というものが存在しうるかどうかを問いかけている。ここでは、破壊的、反米的な図書、つまり共産主義に関する図書が流通することで、民主主義社会が蝕まれるという恐れを理由にその図書を禁じることはできるのかを論じようとしている。図書の内容について線引きをしようとする場合、誰がどのように行うのかと問いかけている。民主主義社会における建設的な異議申し立ての意見なのか、それとも実際に国家転覆を図っているのかは区別がつけられないとして、一般的な意見に対する異議の表明を抑圧することの危険性は、声明の前文でも訴えられている。「読書の自由」声明の前文第五段落の中では、「不安な変化と恐怖感が浸透している時代」において、「異論の表現自体が恐怖の対象」となり「異論の表現を抑圧する」動きが出現する、と述べられている。[11]

第二の論点では、出版者や図書館員の知的自由について述べられている。まず、出版者や図書館員とは「破壊的」になりうる存在なのか、出版者や図書館員の忠誠は国の安全保障に関わるほどの問題なのかと疑問を投げかけている。

第三の論点では、第二の論点を踏まえて、特に出版社で働く個人の思想の自由について述べられている。一般的ではない思想を持っていたとしても、それが組織の方針に反しないものであり、業務上影響が無いと仮定した場合、社員の経歴や政治的立場を追及することに疑問を投げかけている。さらに、民間企業である出版社と行政によって運営される図書館という組織の運営形態の違いから、出版者と図書館員が置かれている状況の違いについて述べられている。

(4) 猥褻とポルノグラフィー

第四の議題「猥褻とポルノグラフィー」では、性表現を含む資料への検閲の動向に関して、以下の論点が示されている。

1. 「猥褻とポルノグラフィー」と「悪趣味なものと有害な表現」はどう区別できるだろうか。
2. 分別と道徳に対する出版者と図書館員の義務とは何か。出版者と図書館員は、現代の法の保護下にあるが、あるグループにとって不快な図書を拒絶する義務を負うのだろうか。出版者と図書館員は、法を順守することと、社会的規範に従うことをどのように切り分けるべきだろうか。

3．道徳を守るための法体系が定められるべきか。業界内の自主規制として適用できるものは他にあるだろうか。例えば、品位という社会的規範が守られるために、望ましい編集・広報上の基準が作成されるべきだろうか。それはどのようなもので、だれがそれを決定すべきだろうか。ラジオ、テレビや映像などの他のメディアにおける自主規制や規定などの先例は指針になるだろうか。それともそれらの先例はただの警告となるに過ぎないだろうか。また、自主規制を行うことは自由競争にどのような影響を与えるだろうか。

4．図書の「入手しやすさ」に基づくダブルスタンダードは存在するべきだろうか。例えば、書店で三・五ドルで売られる図書は好ましく、ニューススタンドで二五セントで売られる図書は好ましくないのだろうか。

5．読書と行動の間に何か関係はあるのか。例えば、犯罪と欲望に関する図書を読むことは、若年もしくは成年の読者の犯罪性や欲望の強さと関係あるのだろうか。これらの関係についての科学的研究は奨励されるべきか。青年にとってそうした作品を読むことが好ましくないと仮定すると、彼らが読むものを管理する責任はだれにあるのだろうか。青年がそうした図書を読むことは有害であるという理由から、成人が図書へアクセスする権利も奪われなければならないのだろうか。

6. 現代の法規範はこの領域において十分なものだろうか。(12)

第一の論点では、猥褻とポルノグラフィーの線引きについて述べられている。法的に有害だと認められる表現と悪趣味ではあるが有害とは認められていない表現をどのように区別するのかを問いかけている。

第二の論点では、「分別と道徳」における出版者と図書館員の義務について述べられている。出版者と図書館員は、法的に問題があるとは認められていないが、特定のグループにとって不快であるとされた図書を流通させないようにすべきかと問いかけている。さらに、法的な基準と道徳的基準をどのように区別できるだろうかと問いかけている。

第三の論点では、自主規制のための基準を設定する可能性について論じられている。業界内で自主規制を敷くべきか、自主規制のための基準を設けるべきか、さらに、編集や広報に関して何らかの基準が設けられるべきかどうかを問いかけている。また、ラジオやテレビなどの他のメディアにおける基準の設置を参考にすべきかどうかを問いかけている。さらに、自主規制ている。

を敷くことが出版業界の自由競争の原理にどのような影響を与えるのか検討するよう呼びかけている。

第四の論点では、図書の内容ではなく流通形態による圧力に対する疑問が投げかけられている。書店で販売される図書が圧力の対象とならず、ニューススタンドで販売される安価なペーパーバックが有害であると問題視される状況をダブルスタンダードであると指摘している。

第五の論点では、読書が人の行動に与える影響について論じられている。例えば犯罪描写がある図書を読むことと読者の犯罪性の関係について問いかけている。また、読書と人の行動に関する研究が不足しているという認識のもと、その関係を明らかにする研究が行われるべきだと提案している。さらに、犯罪描写や性描写のある図書を読むことが青少年にとって有害であると仮定した場合、青少年の読書内容を管理する責任はだれが負うべきなのかと問いかけている。また、青少年にとって上記の図書が有害であると判断された場合、それを理由に成人が同じ資料にアクセスすることも禁じられるのかと問いかけている。

第六の論点では、第五の論点に加えて、猥褻とポルノグラフィーの領域における法整備が十分であるかどうかを問いかけている。

(5) 私的行動と公共政策

第五の議題「私的行動と公共政策」では、これまで示された論点について民間レベルでの活動と公的な方針について論じられている。

1. 実際のところ、出版者は出版物の基準を向上させたり、変化させるために何かできるだろうか。例えば、市民の求める適切な基準とはどのようなものだろうか。

2. 図書館、出版者、書籍流通業者に対して持ち込まれる、警察や団体による法の枠外の圧力はどの程度深刻だろうか。このような圧力は書店に影響を与える可能性があるだろうか。また図書館員や出版者に直接的に影響を与えているのだろうか。

3. 法の統治下にある社会において、法の枠外の圧力運動はどのように位置づけられるだろうか。少数派の団体が、多数派に彼らの正統性を押し付けた場合、どのような問題が起こるだろうか。合衆国における現在の法的な手続きやコミュニティでの慣習法は読書の自由を守るのに十分だろうか。この領域において法の適正手続きの順守を確実なものとするために何ができるだろうか。

4. 法の枠外での圧力運動が不適切であると判断された場合、圧力に対するコミュニティの抵抗運動をどのように展開させることができるだろうか。地域の検閲の動きは、歴史的視点からどのように捉えられるだろうか。

5．図書館員と出版者に専門職としての責任があるとすれば、読書の自由を守るためにどのように準備し、圧力をかける必要があるだろうか。

6．図書館員と出版者以外のメディアの関係者に専門職としての責務があるとすれば、読書の自由を守ることについて、その責務を共有する必要があるだろうか。彼らは、図書館員や出版者と同様に検閲の動きに対して責任を負う可能性はあるだろうか。

第一の論点では、出版物の質に関する出版者の責任が論じられている。出版物の質の基準を向上させるために、出版者はどのようなことができるかを問いかけている。また、市民が出版物の質に求める基準とはどのようなものかを問いかけている。

第二の論点では、図書館、出版者、流通業者に対する圧力の状況について論じている。警察や市民団体による圧力はどの程度深刻なのか、またどの程度の影響を与えているのかを問いかけている。

第三の論点では、出版者や図書館に対する圧力運動の法的位置づけについて論じている。少数派のグループの価値観が、多数派に押し付けられた場合、どのような問題が起こるかを問いかけている。また、現在の合衆国憲法やそれに基づく手続き、州などにおける法制度は読書の自由を守ることのできる内容かどうかを問いかけている。さらに、読書の自由に関する問題において、法的手続きが遵守されるためには何ができるのかを問いかけている。

第四の論点では、出版者や図書館に対する圧力運動に対する地域コミュニティの抵抗をどのように支援すべきかが論じられている。これらの圧力運動は、実際にはその地域で起こっている問題である。そのため、法の枠外の圧力運動が不適切であると判断されるのであれば、その地域で抵抗運動が行われる必要がある。

第五の論点では、再び専門職としての出版者と図書館員の責任について論じられている。読書の自由を守るために、出版者と図書館員はどのようなことができるかを問いかけている。

第六の論点では、第五の論点で述べた専門職としての出版者と図書館員の責任を共有することについて述べられている。読書の自由を守るために、出版者と図書館員以外のメディアの関係者と責任を共有すべきかどうかを問いかけている。また同様の検閲による攻撃について、他のメディアの関係者も責任を負う立場になりうるかどうかを問いかけている。

1―5　検閲の実態と法的措置の可能性

ウェストチェスター会議のワーキングペーパーには、タイプ打ちの八ページの本文に加えて、二部構成の付録が添えられている。第一部のタイトルは「図書に対する最近の圧力」（Recent Pressures on Books）で、分量は七ページである。第二部のタイトルは「図書と憲法上の保障」

図書に対する圧力の類型	件数
図書館への圧力	9件
1952年から1953年の教科書に対する圧力	7件
流通と出版を制限する圧力	9件
州政府による圧力	6件
地方自治体による圧力	7件
民間団体による圧力	8件

表4-1　図書に対する圧力の類型
出典："Working Paper, ALA/ABPC Conference on the Freedom to Read, Westchester Country Club, Rye, New York, May 2-3, 1953," LC, The Central File: MacLeish-Evans, Container 871, Folder: Library Cooperation 18.

（Books and Our Constitutional Guaranties）で、分量は五ページである。

ワーキングペーパーに添付された付録の第一部「図書に対する最近の圧力」は七ページにわたる資料である。形態に関する特徴としては、六ページ目までは本文と同じフォントが使用されているが、七ページ目とそれ以降に続く付録の第二部は異なるフォントが使用されている。また七ページ目の末尾には一九五三年四月二三日という日付とアメリカ出版会議の名が記されている。

「最近の圧力」第一段落で述べられているように、読書の自由を制限しようとする動きに関して、実例が掲載されている。これらの実例は六種類に分類され、その事例が起こった地名とともに、各三行から一〇行程度の概要が掲載されている。六種類の分類と件数を表4－1に示す。

「図書館への圧力」が九件、「一九五二年から一九五三年の教科書に対する圧力」が七件、「流通と出版を制限する圧力」が九件、「州政府による圧力」が六件、「地方自治体による圧力」が七件、「民間団体による圧力」が八件である。

さらに、激しい弾圧が行われている場所として一〇の地域が、地元の書籍販売業者が特定の図書の流通制限を行っている場所として一二の地域が掲載されている。

ワーキングペーパーに添付された付録の第二部は「図書と憲法上の保証」(Books and Our Constitutional Guaranties)と題されている。付録の第一部と同様に、第二部も末尾に一九五三年四月二一日の日付とアメリカ出版会議と記されている。第二部の分量は五ページで、冒頭で言論と出版の自由の概要について述べたあと、五つの問いとその回答が続く形式で構成されている。

五つの問いの内容を以下に示す。

1. これらの憲法上の保障は図書に適応されるのか?
2. これらの保障は絶対的なものか限定的なものか?
3. 「猥褻な」出版物とは何か?
4. 猥褻な文書への訴訟と「明白かつ現在の危険」(clear and present danger)の原則との関係
5. これらの憲法上の保障によって警察の「不快な」図書のリストの発行を止めることはできるか?

これらの付録の記述から、ウェストチェスター会議の参加者たちには実際の検閲の事例について事前に情報提供がなされており、また出版物への様々なレベルでの圧力に対して法的措置を取ることも視野に入れながら議論することが期待されていたと考えられる。

2　議事録――実際の議論

本節では、ウェストチェスター会議でどのような議論が交わされたのかを議事録の流れに沿って時系列で解説する。

2－1　一九五三年五月二日　土曜日午後

第一セッションは一九五三年五月二日土曜日の午後に開催されている。第一セッションではワーキングペーパーの流れに沿ったものではなく、出席者による自由な議論が行われた。以下では議事録(13)をもとに議論の内容を示す。

(1) 出版界への圧力と対策

第一セッションでは、まず法の枠外で図書に対する圧力がかけられることに関して議論が行われた。ワーキングペーパー第4章の中の「私的行動と公共政策」では、第二の論点として法の枠外で行われる圧力の影響について、第三の論点として法の枠外の圧力の位置づけについて、第四の論点として法の枠外の圧力への抵抗に関する論題が提示されている。

ウェストチェスター会議の議長エヴァンスは最初に、出席者に送付されたワーキングペーパーに言及し、アメリカ出版会議顧問のホレス・マンギス(Horace Manges)に対し法律問題の専門家としての意見を求めている。マンギスはいくつかの検閲事例を紹介し、実際に図書の内容の是非を裁判で争うような法的圧力ではなく、禁書リストの配布によって小売業者を委縮させるような、いわば法の枠外での運動が行われていると指摘していた。さらに、これらの運動に対して、アメリカ出版会議では裁判を起こす、または起訴を警告したりするといった対抗策がとられていると報告している。

マンギスの報告を受けて、出席者は法の枠外の圧力への対応策として、実際の訴訟の可能性を議論している。マンギスは、一般市民に対する訴訟は困難であるが、出版社であれば協定違反を理由に訴訟を起こせる可能性があると述べた。これに対しアメリカ出版会議会長ダグラス・M・ブラックは図書の不買運動に対して訴訟を起こすことを提案している。一方、全米教育協会「教育によって民主主義を守る全国委員会」のケナンは自由企業制を理由に、(特定の図書に対する）反対運動を止めさせることはできないと述べている。マンギスは、反対運動自体を止めさせることはできないという意見に同意しながらも、圧力によって売り上げが減少した場合には、協定違反を主張できる可能性を指摘している。

訴訟に積極的な姿勢を示すブラックに対し、訴訟自体を疑問視する意見も投げかけられている。エヴァンスは、圧力によって委縮した人々が、自主的に流通の制限を受け入れている現状があると語った。グロセット&ダンラップ社（Grosset & Dunlap）社長であり、アメリカ出版会議前会長であるジョン・オコーナー（John O'Connor）は、図書に対する圧力は地域住民によって起こっており、改善のためにはこうした地域住民の感情の問題に取り組む必要があるため、法的措置は状況の改善にはつながらないと指摘している。さらに、オコーナーは出版者と図書館員に共通の関心領域は情報流通経路の開放にある、と述べている。

さらに、法の枠組み自体に関する議論も行われている。アメリカ出版会議のレーシーは、判事カーティス・ボク（Curtis Bok）の発言を紹介している。ボクによると、言論の自由は法的権利として常に尊重されるべきだが、実際に言論の自由を権利として行使できるかどうかは別の問題であるという。ブラックは、法解釈や裁判所の見解は変化するものであること、判例を重ねて法の枠組み自体を変えるためには、見識ある市民（informed and enlightened citizen）の存在が必要であり、読書の自由を擁護する出版者と図書館員はこうした市民を守るべきであると主張している。

（2）図書館界への圧力と対策

出版界への圧力と対策に関する議論に続いて、図書館界への圧力と対策について議論が行われた。まずエヴァンスが、図書館や学校など公的予算で運営されている組織の状況を確認している。これに対し、アメリカ教科書出版協会（American Textbook Publishers Institute）事務総長のロイド・キング（Lloyd King）が教科書の購入状況について述べている。キングによると、教科書の採用については州の教育委員会の決定に委ねられているという。ボストン市立図書館のミルトン・E・ロード（Milton E. Lord）もこの意見に同意している。

エヴァンスは、キングやロードの発言を受けて、公的資金によって図書を購入する図書館や学校は、図書選択の過程において公権力の支配を受ける可能性があり、法的脆弱性があると指摘した。デトロイト公共図書館のルース・ルツェン（Ruth Rutzen）は警察から図書に対する苦情があり、これを受けて図書館が公聴会を開いた結果、訴えが取り下げられたという事例を報告している。ルツェンの報告を受けて、知的自由委員会のディックスはこうした事件では特定の図書よりも図書を管理する図書館側に非難が向けられると補足している。

さらに、エヴァンスは反体制的な図書の所蔵についての議論を求めている。共産主義者や不忠誠であるとされた人物による著作を図書館は所蔵すべきだろうか、という問いに対し、会議の出席者からは法の原則に基づく立場と図書館員の判断に依拠するという二つの立場が示されている。反体制的な図書であっても原則として所蔵すべきであるという立場から発言したのは、ロステン、ベレルソン、オコーナー、クロパーであった。図書館・図書館員の判断によって所蔵されない場合もあるとの立場を取ったのは、ロード、ウォーラー、ヴァイキング社（Viking Press）社長のハロルド・ギンズバーグ、エヴァンスであった。

ニュー・アメリカン・ライブラリー社（New American Library）およびアメリカ出版会議前事務長のウォーラーは、図書館員が認めれば所蔵されるべきであると述べている。一方で、反体制的な、つまり親共産主義的な図書の所蔵に反対する意見も挙げられている。アメリカ図書館協会の知的自由を支持する方針は、現実には機能しないという指摘や、出版者や図書館員は自由意思による選択を重視するが、実際には、図書が人に与える影響は明らかになっていないという意見が述べられている。また、図書館の選書担当者があらゆる分野に精通しているわけではないという点も指摘されている。

こうした意見に対して、ラスウェルとエヴァンスは図書の選択および図書館の運営における権限がどこにあるのかを明確にする必要があると述べている。一方でウォーラーとディックスは、一般市民にとって重要なのは、選書の権限がどこにあるのかではなく、図書選択の基準であると反論している。これらの議論を受けて、オコーナー、ベレルソン、ギンズバーグが議論を総括し、第一に図書館は法的に出版できる図書についてはどんなものでも自由に所蔵できるべきである、第二に選書は専門職の手にゆだねられるべきである、第三に総合的な政策として、図書館運営における権限を持つ機関や担当部局については、現職者とは違う人物を今後選出していくことで、民主的な手続きに則って変化を起こせる可能性がある、という方針をまとめている。

(3) 出版者と図書館員の役割

出版界と図書館界における圧力と対策についての議論に続き、出版者と図書館員の役割についても議論が行われている。ベレルソンは、出版者は著者から投稿された原稿をすべて刊行する責任があるわけではないと述べ、同様に、読書の自由というのは読者が図書館に所蔵されているどんな資料にでもアクセスできることを意味している訳ではないと主張している。ディックスは、多様性は社会的善（a social good）であるという立場から、読者に多様な視座をもたらすことは出版社と図書館員の重要な責務であり、読書の自由の正当性を示すものであると述べている。ウォーラーは図書選択の目的は、多様な意見の存在を保障することであり、基準を押し付けるためではないと述べた。

フランシス・R・セント・ジョン（Francis R. St. John）は、図書選択が図書館員以外に委ねられるべきではないとの主張を示した。ベレルソンは、圧力グループが団体を組織する権利を持つ一方で、図書館員や出版者は圧力に反撃する権利を持っていると述べた。フローラ・B・ラディントン（Flora B. Ludington）は、研究機関の図書館では学生に現代社会の課題を認識させ刺激を与えるために、あえて論争的な図書を購入することがあると語り、図書館は教育機関としての役割を担っているという点で合意が得られた。

議論の結果、法の原則を狭めようとする取り組みに対して抵抗することが必要不可欠であるという点で合意し、（1）図書館は自らの判断で図書を選ぶべきであり、その選択を他に委ねようとする動きには抵抗すべきである、（2）図書館は法的に出版可能な図書はどんな図書でも自由に入手し、貸し出すべきである、（3）図書の質の基準と適切性は、図書の内容から判断されるべきである、の三点について確認している。最後にエヴァンスはスタッフに対し、セッションの合間に草稿を作成するとともに、一連の議論を論点にまとめるよう依頼している。

2-2　一九五三年五月二日　土曜日夜

一九五三年五月二日、土曜日夜の第二セッションは、ワーキングペーパーと第一セッションの議論の内容をもとに行われた。以下では議事録(14)をもとに議論の内容を示す。

はじめに、エヴァンスは議論の前提として読書が与える影響について確認し、読書は良い影響も悪い影響も与えないという立場に立つことは、逆に図書への圧力を容認することにつながると指摘している。エヴァンスの発言を受けて、仮に読書が人々に悪影響を及ぼすとしても、自由な読書を妨げることはさらなる危険につながるという認識が共有されている。

レーシーはワーキングペーパー作成者として、出版者や図書館員の権利よりも、社会のニーズ、公共政策に関する疑問、市民の関心の明確化を期待していたと説明している。レーシーは反体制的であるという理由や道徳の腐敗を理由に、表現の自由を抑制する必要があるという意見に対する反論を述べ、論点の明確化を主張した。さらに、政治と道徳という論点自体は異なるが、共産主義やポルノグラフィーはいずれも表現の自由の限界を問うものであり、問題が持ち上がる状況は類似しているため、両者について論じることで、各々の領域において（表現の自由の限界を示す）何らかの境界線を引く手助けになるだろうと述べている。

(1) 出版者と図書館員の役割

第二セッションの最初の論点として、出版者と図書館員の役割をめぐって、a．著者の経歴を基準とした図書選択、b．自由な情報流通の実現、c．メディアの社会的責任に関する議題の三つが提示された。

a．著者の経歴を基準とした図書選択

出版者と図書館員の役割に関する最初の議題として、著者の経歴を基準とした図書選択の是非について論じられた。議題は以下の通りである。

出版者と図書館員は著者の個人的・政治的背景を無視して、図書をその内容のみによって判断すべきだろうか。この問いに対する回答と同じことが政府の海外情報政策で使用される図書の選択

においても言えるだろうか。例えば、ハワード・ファストやダシール・ハメットのような共産主義者に親和的な著者であることは、同じ著者による政治的でない図書を出版することや、これらの図書を図書館が購入することの妨げになるだろうか。

上記の論点については、出版者と図書館員で状況が異なるとして、それぞれの場合に分けて議論が行われている。図書館員については論点で挙げられた表現を反転させ、「図書館員は著者の政治的背景や経歴を理由に図書を拒否するべきだろうか」に変えることで合意が得られた。また満場一致で「拒否するべきではない」とする回答が出されている。

一方、出版者については当初、議論が分かれている。作家ロステンが出版社は民間企業であるため、図書の流通に関する統一された指針を作成することは不可能であると主張したのに対し、ディックスは、出版者も公共の利益を有していると述べている。結果的に、新しく「図書館員と出版者が著者の政治的背景や経歴を理由に図書を拒否することは公共の利益に反する」という一文が追加された。

b. 自由な情報流通の実現

第二の議題として、自由な情報流通の実現について議論が行われた。議題は以下の通りである。

図書館員と出版者は他のメディアにおいても順応を求める大衆の圧力を考慮し、コミュニケーションの多様性を確実なものにするため、明確な手段を講じるべきなのか。

ギンズバーグとニュー・アメリカン・ライブラリー社のヴィクター・ウェイブライト（Victor Weybright）は第二の議題に肯定の意を示した。レーシーは、第二の議題が示しているのは、「図書はどのように特別な社会的役割を果たすのか」ということだと説明している。ベレルソンは、歴史的に、創造的な考えは逸脱者やマイノリティによって創出されると付け加え、重要だがあまり好まれない意見に人々の関心を集めるため、図書の管理者が最大限に多様な表現を守るべきであると述べている。

議論の結果、この議題については「すべてのメディアが順応を志向する圧力を受けていることを踏まえ、出版者と図書館員は、不人気な見解も含め可能なかぎり最大限に多様な意見と表現を提供する社会的義務を持つ」という肯定的な表現に変更されている。

c. メディアの社会的責任

次に、出版者と図書館員の「責任」について議論が行われた。複数人の出席者が、この「責任」という概念に対して、何が「責任ある」ことで何がそうでないかは常に異なるため、自由が制限される危険性があるとの意見を表明している。さらに、特定の図書がある人々にとって不快であるというだけで図書を拒否しないこと、つまり、その図書が良質なものであれば、その内容が少数派の意見を主張している、または宗教的・人種的ステレオタイプを含んでいるという理由だけで、その図書が排除されてはならないという原則についても確認された。

(2) 図書館員特有の問題

第二の論点である図書館員特有の問題については、a. 少数派の意見へのアクセス、b. 図書へのラベリングに関する議題が提示されている。

a. 少数派の意見へのアクセス

少数派の意見へのアクセスの保障については、会議の出席者からの賛成が得られた。第二の議題で決定した「すべてのメディアが順応を志向する圧力を受けていることを踏まえ、出版者と図書館員は、不人気な見解も含め可能なかぎり最大限に多様な意見と表現を提供する社会的義務を持つ」という文言に、少数派の意見へのアクセスの保障に関する内容を付け加えることになった。

エヴァンスは、共産主義者に関する文言を盛り込むことについて、原則としては同意しながらも、反発を招きかねないと述べた。ギンズバーグは、修正第一条の範囲内にある限りは、こうした文言は有効であると述べている。

また、資料へのアクセスには特別な制限が設けられるべきではないという点でも合意が得られた。エヴァンスは、資料は利用者の求めに応じてすべて入手できる状態にあるべきで、制限を設けたり、逆により広く貸し出すといったことはせずに、通常の入手可能性が保たれるべきであると述べている。

b. 図書へのラベリング

少数派の意見へのアクセスに関する議論に続き、図書へのラベリングについても議論が交わされている。レーシーは、地域の市民団体や州議会を中心に図書への圧力が強まっており、こうした圧力団体は著者が所属する組織の特定を求めていると述べた。ベレルソンは、「人は自分が読んだ図書の内容に基づいて自分で考えることができる」との信念を強調している。ギンズバーグは、アメリカ図書館協会の「ラベリング声明」[15]について圧力の増加を招きかねないと批判し、今回の声明では穏当な表現を採用するよう提案している。マンギスはラベリング声明の「ある特定の図書や雑誌が図書館に所蔵されているということは、図書館がその内容を承認しているというわけではない」という点が有効であると指摘している。さらにラベリングの否定については、第一に、出版者もラベリングを拒否すること、第二に、出版者は自社が出版する教科書の著者が「破壊分子」(subversive) ではないことを保証するわけではないという提言と関連づけるという点で合意が得られた。

(3) 猥褻とポルノグラフィー

第二セッションの最後では、共産主義関係資料への検閲から、猥褻とポルノグラフィーに関する議論として、ペーパーバック規制へと話題が転じている。

a. ペーパーバックの普及と自主規制

まず、社会規範に関する出版者と図書館員の義務をテーマとして、ペーパーバックの普及と自主規制について論じられている。オコーナーは、ペーパーバックを巡って様々な問題が発生しているが、ペーパーバックのほとんどは以前からハードカバーとして流通していたものであり、出版にあたっては法的には何の問題もないこと、両者の違いは価格、流通経路、表紙のデザインや宣伝文、そして売れ行きのみであると述べた。一方で、これらの図書にある性描写に対し過剰に注目が集まっており、宣伝も激化していると指摘し、出版者による自主規制を求めている。ウェイブライトは、表紙のデザインよりも流通の拡大がペーパーバックへの圧力に影響を与えたのではないかと指摘している。セント・ジョンはこれに同意し、流通の拡大によって、これまで読書習慣を持たなかった人々の注意を引くことになったのは確かであると述べた。

ウェイブライトは、セント・ジョンの発言に同意する一方で、一般市民の基準では反対されなくとも、特別な団体による圧力が計画されることがあると述べ、オハイオ州ヤングスタウンとデトロイトで起こった圧力の例について紹介した。デトロイトでは警察が『ライ麦畑でつかまえて』（*Catcher in the Rye*）の再販を禁止したが、以前からブック・オブ・ザ・マンス・クラブ（Book-of-the-Month Club）を通じて同書は全国的に流通していた。ウェイブライトは、青少年に対するペーパーバックの普及が問題視されているが、教師や生徒を対象とした、多くの良質な図書がペーパーバックとして再販されていることを指摘した。

エヴァンスはペーパーバックに関する問題の扱いにくさについて言及している。ブラックはこの会議で議論する課題と公に向けた声明の作成には違いがあるとした上で、出版者は良識に従って自主規制を行い、出版物の質の引き上げに取り組むべきであると述べた。

b．ダブルスタンダード

ギンズバーグは書店で販売されている図書とニューススタンドで販売されている安価な資料への扱いについて言及し、広く全米でこのダブルスタンダードが存在すると指摘した。さらに青少年に対するギャンブル、たばこ、酒の規制を例に挙げ、流通が限定されている場合には問題視されなくとも、流通の拡大によって反対の声が上がると述べている。また、法と法解釈は社会状況に応じて変化するとして、地域での図書への圧力の増加によって、ペーパーバックとハードカバー両方の入手が制限される可能性を指摘し、声明においては法の枠を超えた圧力に抵抗し、法的手続きを遵守するよう呼びかけるべきであると主張した。

ベレルソンは私的利益を求めた結果、悪趣味な図書が流通していると指摘し、出版者の責任を促進すべきであると述べた。ラスウェルは、ある図書に対して衝撃を受けた場合、人々がどう折り合いをつけているのかを明らかにすることが重要であり、教師や親たちは、若者が様々な危険に晒されていることに気づき、この声明がその衝撃に備える機会となることを指摘している。また、声明では図書を抑圧する動きを拒否する理由、つまり図書への圧力に関する法の妥当性、なぜ不買運動は悪なのかという問題、子供の成長に応じてとられるべき手段に言及すべきだとした。

ロステンは、猥褻な作品が購入されることで需要が生まれ、出版者がその需要を満たしていると述べ、こうした状況について、この声明を通じて遺憾の意を表することを提案した。セント・ジョンは、喫緊の問題は怒れる親たちと性的タブーの存在であると述べた。出版者に対し自主規制を呼びかけるべきであり、何でも読者が望むものを出版するという一部の出版者の主張は、あらゆる図書に対する検閲を招き、すべての出版者の自由を危機に追い込むことになると警告した。

次に、自身の指摘に立ち戻り、ロステンは、いかがわしい作品に対する市民の責任を明らかにする必要性があり、市民が出版者の制作を助長するという関係が問題であると指摘した。一方、オコーナーは法の統治下で出版された図書は猥褻にはあたらないと主張した。ロステンはこの主張を受け入れ、声明はあらゆる図書の保護に言及するべきであると述べた。

全米教育協会のケナンは子供が関わる場合は図書の入手は制限されるべきとし、保護者の責任を強調している。ベレルソンはロステンの見解を支持し、社会規範が流動的な時代において、図書の入手に関する責任は図書やその他のメディアに関わる専門職にのみ置かれるものではなく、特定の機関が責任を追及されてはならないと述べた。

ベレルソンは、一般的な読書の本質としての多様性と有用性を強調することを提案した。さらに、自身の意見として、共産主義に関する資料の所蔵や流通は最低限であると強調すべきであり、さらに、共産主義に関する文献を読みこなせる若者は、一般的に人より賢く鋭い知性を持っているため、多くはその思想に影響されることはないと述べた。

2-3　一九五三年五月三日　日曜日朝

一九五三年五月三日日曜日の朝の第三セッションはウェストチェスター会議の最後のセッションである。ここでは、声明の目的と対象、読書の自由に関する継続的な研究の実施、関係団体との情報共有のあり方や、声明の作成方針について議論が行われた。以下では議事録を[16]もとに議論の内容を示す。

(1) 声明の目的と対象

第三セッションの最初の議題は声明を発表する目的と対象であった。市民を代表する様々なグループに署名を募ること、また声明とウェストチェスター会議の結びつきは強調するべきではないという意見が出された。後者の意見に対して、セント・ジョンは読書の自由とは週末を割いて議論するべき重要な課題であるとアピールするべきであると主張している。

ディックスはＡＬＡ評議会や全米ＰＴＡ協議会（The National Council of Parent-Teachers Associations）などから公式に承認を希望する意思表明があったことを伝えている。[17] ロードはこれまで読書の自由に関心を持っていなかった人々の承認を得ることが重要であると述べた。ディックスは、多くの人々はこの問題について関心を持たず、中立の立場をとっていること、そうした中立の人々を対象にするのが良いだろうと提案している。

(2) 読書の自由に関する研究の奨励

次の議題は読書の自由に関する研究についてであった。まず、ロバート・Ｋ・カーが検閲の動機に関する研究の実施を提案した。[18] ディックスは事例研究の実施と研究助成金を提供する財団を探すことを提案している。ビクスラーは、第一にコミュニティに圧力が生み出される原因について、第二にその動機について調査すべきであると述べている。

またラスウェルは読書に関する研究の現状に対し、二つの問題提起を行っている。第一に、規制に取り組んでいるのは誰かという問いである。ラスウェルは第一の問いを明らかにするためには、調査対象を設けて継続的なデータを蓄積する必要があると述べている。ラスウェルは以下のような項目を例示している。例えば、規制に関する活動の増減、コミュニティによる圧力の実態、コミュニティの緊張の変化、さらに図書への検閲が政治的に利用されている状況、つまり、警察官や地区検事長の検閲に関する活動と実績、社会規範の強化に対する評価である。

共和国基金のケッチャムは、こうした分野の研究に対しては共和国基金による援助の可能性があると述べた。ギンズバーグは調査のためのさらなる論点として、読書と人の行動の関係、特に子供や青少年の行動に関する研究を提案している。

（3）関係団体との情報共有

エヴァンスは、関係団体間の情報共有のため、反検閲に関わる市民団体を通じて、読書の自由に関する全国的な委員会の設置することを提案した。ケナンは、連携の必要性を認識する一方で、全米教育協会で同様の取り組みを行った際の経験を話し、全国的な組織の設置の困難さを指摘している。キャンフィールドは、読書習慣のある人々は猥褻な図書を手にしないと述べ、読書習慣を拡大させるための取り組みを行うと同時に、「なぜ人々が図書を読まないのか」を明らかにする研究が行われるべきだと提案している。これについてホートン・ジュニアは、図書に対する攻撃が増加している状況下で、声明を採択することによって読書の自由に関する思想が明確化されることの意義を指摘した。一方で、ホートン・ジュニアは図書に対する攻撃を行う人々がこうした声明を読むかどうかについては、疑問を呈している。

(4) 声明起草に向けた方針

さらに検閲を発見する困難についての議論が行われた後、声明作成のための方針が提示された。ケッチャムは継続的な抵抗の重要性を指摘し、圧力に対し表現の自由を支持する姿勢を保ち続けることが重要であると述べている。

またコリーは宗教の自由を支持する聖職者との連携を提案している。キングは地域の図書館員、教育者、書店にとって読書の自由という信念を強めることができ、攻撃を受けた際に参考になるような資料の発行を提案した。さらに、キングは図書館員、教育者、書店は多くの圧力を受けて孤立した状況にあると指摘したうえで、改めて支援の必要性を強調し、アメリカ教科書出版協会のパンフレット *American Way of Publishing* の有用性を述べた。

オコーナーは、声明の内容について、法的立場・反体制的活動・ポルノグラフィーに関する言及を含むべきであり、出版者と図書館員がいま実際に保持している自由を支持するような文言が必要であると述べた。またエヴァンスはここで継続委員会の設置を提案し、この提案に対してウォーラーは二人の代表が委員会のメンバーを任命することを提案した。

次に、話題は猥褻とポルノグラフィーの問題へと戻っている。コリーは、読書の自由の原則は破壊と忠誠および猥褻とポルノグラフィーの問題のどちらにも適応できると述べた。クロパーは、法の原則が保持され続けるべきだと述べ、法の制限を超えない限り我々はなんでも自由に読むことができるべきだと主張した。一方で、セント・ジョンは一般化された声明が、猥褻とポルノグラフィーの領域においても有効かどうか疑念を呈している。

レーシーは検閲者の考え方について述べ、共産主義とポルノグラフィーという二つの領域で検閲が起こっているものの、この二つはいずれも表現の自由に反するものであると述べた。ウォーラーはこの意見に反論し、二つの分野で異議表明がなされたのであれば、原因は二つあるはずだと述べ、異なる二つの動きが一つにまとまることを防ぐ必要があると述べた。レーシーはこの方針に同意し、それでもなお、社会的規範において表現の自由を支持する判決が、自由な政治的表現を支える法的根拠となりうるという認識は共有すべきであると主張している。

3 「読書の自由」声明の起草

「読書の自由」声明は、ウェストチェスター会議のワーキングペーパーをもとに起草されている。二日間の会議を終えた後、ホートン・ジュニア、ラスウェル、ベレルソン、ディックス、レーシーの五名からなる検討委員会が編成され、この委員会を中心に「読書の自由」声明の細かな文言の検討が行われた。[19] ワーキングペーパーの文言の多くは元の形のまま「読書の自由」声明へと反映されている。以下では、「読書の自由」声明において、ワーキングペーパーで提示された論点がどのように集約されたかを論じる。

「読書の自由」声明は約二ページの前文と七つの条文、および後文で構成されている。七つの条文はそれぞれ数行の主文が示された後に副文が付される形式になっている。声明は複数の新聞や雑誌上で紹介されたのち、パンフレットとして配布された。パンフレット版には声明に加えてアイゼンハワー大統領のダートマス大学での演説が引用されている。

3-1　前文および後文

ここからは「読書の自由」の前文と後文の内容を解説する。[20] まず前文は、ワーキングペーパーの「最近の圧力」で挙げられた論点を中心に、読書の自由を制限する動きについて現状分析を行っている。ワーキングペーパーと声明の内容の違いとしては以下の二点が挙げられる。

第一に、ワーキングペーパーではアメリカ国内の順応主義の広がりと性表現に対する圧力増加の二点を分けて論じているが、声明ではこの二つの差異はあまり強調されていない。声明では「検閲や抑圧が、政治の破壊や道徳の頽廃を回避するために必要であるという見解にもとづいている」という一文や「われわれは、アメリカ国民がプロパガンダを識別したり、猥褻を拒否したりするものと信じる」といった一文は見られるものの、いずれも読書の自由を制限する動きとしてまとめられている。

第二に、具体例や固有名詞が削除され、より抽象的な文言への置き換えが行われている点である。ワーキングペーパーでは政治的圧力の例として連邦職員への忠誠審査が、道徳的圧力の例としてギャシングス委員会のペーパーバック出版に関する報告書が挙げられていたが、これらの具体例は声明では削除されている。

また、ワーキングペーパーでは全体を通して様々な図書に対する圧力の例が示されていたが、これらの具体例はすべて声明前文にまとめられている。前文の冒頭では、読書の自由に対する攻撃として、「全国各地の私的グループや公的機関が、図書を販売禁止にしたり、教科書を検閲したり、「論争的」な図書にラベルを貼ったり、「問題ある」図書や作家の一覧表を配布したり、図書館を非難したりしている」と表現されている。さらに、ワーキングペーパーでは全体を通して共産主義（communism）や共産主義者（communist）などの文言が複数回用いられているが、声明本文ではこれらの語は用いられていない。パンフレット「読書の自由」に挿入されている、アイゼンハワー大統領のダートマス大学での演説のうち「共産主義が何かを知らずにそれを打ち倒すことができるだろうか？」（How will we defeat communism unless we know what it is?）の一ヶ所で確認できるのみである。

さらに、ワーキングペーパーで論点として挙げられた議題の一部は、「読書の自由」声明の前文に反映されている。例えば、ワーキングペーパーの「出版者と図書館員の役割」において、市民の読む権利を実質化することが出版者と図書館員の役割だと述べられている。この論点は声明本文には見られないものの、前文には「われわれ出版者と図書館員は、（中略）読書の自由を実質化するという重大な責任を負っているのである」という文言が盛り込まれている。またワーキングペーパーの「私的行動と公共政策」に関する論点では、「図書館員と出版者以外のメディアの関係者に専門職としての責務があるとすれば、読書の自由を守ることについて、その責務を共有する必要があるだろうか」として、図書館員や出版者以外のマスメディア関係者の責任について言及している。声明本文にはマスメディア関係者に言及している箇所は見られないが、前文では教育、出版、映画、ラジオ、テレビに対する順応主義の圧力が図書への圧力が問題となる以前から存在していたと述べられている。

声明の後文は前文と比較すると非常に短く、一段落のみで構成されている。内容は七つの条文の総括として、図書および読書の重要性を訴えるとともに、順応主義による図書への圧力は民主主義社会の根幹を揺るがすものであるとまとめられている。前文、主文および副文がワーキングペーパーで用いられた文言を反映する形で作成されているのに対し、後文はワーキングペーパーの文言と一致する箇所が見られないことから、ウェストチェスター会議後に設置された検討委員会において作成されたと考えられる。

3-2 本文

以下では、「読書の自由」の本文を参照しながら、七つの条文と副文の内容を検討する。[21]「読書の自由」声明の第一条では、出版者と図書館員は「最大限に多様な見解や表現を提供する」として、多様な表現を尊重する方針が表明されている。ウェストチェスター会議の第一セッションにおいて、ディックスとウォーラーが多様性の尊重を出版者と図書館員の責務として挙げており、この姿勢が声明においても反映されていることが確認できる。

また、ワーキングペーパーでは「図書館員特有の問題」として共産主義に関する図書の所蔵についても直接的に論じられていたが、声明においては「少数意見の流通」を保障するという抽象的な表現に置き換えられている。第一条の中では、出版者や図書館が提供する表現に関して「多数派にとって正統でないもの、評判の悪いものを含む」と述べられており、少数意見の流通を保障する立場が示されている。さらにベレルソンは会議の第二セッションにおいて、創造的な思想はマイノリティによって生み出されてきたと発言しており、これが第一条の副文「新しい思想の運搬人は、その思想が洗練され検証を受けるまで、例外なく反乱者である」に反映されたと考えられる。

第二条は、出版者と図書館員の中立性を主題とした内容になっている。ワーキングペーパーでは、出版者と図書館員の責務は「責任ある案内役」か「人々の好みのものを供するだけ」かが問われていたが、声明では「出版者や図書館員は、提供する図書が含むすべての思想や意見を承認する必要はない」として、ワーキングペーパーの問いに対する回答を示す文言となっている。さらに、声明では出版者と図書館員は「精神の成長や学習の促進に必要な知識や思想」を提供し、それによって「教育過程に奉仕」するべきであり、「指導者として自分の思想形態を押し付ける」べきではないと述べられている。

第三条では、「出版者や図書館員が図書の受け入れを決定するに際して、著者の個人的な経歴や政治的な所属だけで決定するのは公益に反する」と述べられている。ワーキングペーパーでは、ファストやハメットなど共産主義に関わりのある作家の名が挙げられ、著者の経歴や政治的立場を理由とした図書選択の是非が論点となっていた。声明ではこれらの個人名は削除されており、著者の経歴や政治的立場を理由とした図書選択に反対する形で意見がまとめられている。会議では当初、私企業である出版社と図書館の立場は異なるという意見が出されたものの、その後の議論を経て出版社も公共の利益に資するべきだという見解にまとまった。こうした議論を踏まえ、条文においては出版者と図書館員の立場を区別しない形の文言になっている。

第四条は、ワーキングペーパーのうち「猥褻とポルノグラフィー」で挙げられた論点を中心に構成されている。第四条ではまず「猥褻についての現行法は、積極的に適用すべきである」として、法による規制に対しては従うべきだと述べられている。一方で、法的手続きに基づかない圧力を、「他人の好みを強制したり、成人を青少年向きの読書資料に拘束したり、芸術的表現を試みる作家の努力を禁じたりする超法規的な試み」であると表現し、強い抵抗の姿勢が表されている。

また副文では「未成熟な好み、発育の遅い好み、それに不適応な好みの要求を満たすことは嘆かわしい」として留保をつけながらも、「自由にかかわる人たちが理解すべき責任は、一つ一つの図書や出版物の内容や価格、それに流通方法がどうであれ、デュー・プロセスによって扱わねばならないという点である」と述べられている。ワーキングペーパーでは、ニューススタンドで販売されるペーパーバックと書店で販売されるハードカバーをめぐるダブルスタンダードが論点となっていた。会議では大手総合出版社を中心にペーパーバックの内容や表紙のデザインに対して自主規制を求める意見も出されていたが、声明においては図書の内容や価格、流通方法にかかわらず、法の枠を超えた圧力に抵抗する方針が示されている。なお、「未成熟な好み、発育の遅い好み、それに不適応な好みの要求を満たすことは嘆かわしい」という文言は、一九七二年の「読書の自由」声明改訂時には削除されている。

第五条は、図書へのラベリングについて言及している箇所である。「図書や著者に破壊的とか危険といったラベルを貼ることは読者に先入観を強いる」ものであり、「公益に反する」と宣言している。ワーキングペーパーでは「図書館員特有の問題」の項でラベリングに対する問題提起が行われている。第四の論点において「図書館は異なるイデオロギーを支持する資料を貸し出すべきだろうか」として共産主義関連資料の所蔵の是非について触れるとともに、「破壊的」とされる資料へのラベリングの是非とラベリングの基準が論じられている。会議ではギンズバーグがアメリカ図書館協会のラベリング声明に対する批判を行っており、「読書の自由」声明では「ラベリング声明」よりも穏当な表現を採用するよう提案していた。一九五一年版「ラベリング声明」には「破壊的」(subversive)、「共産主義」(communism)、「親共主義者」(pro-communist)、「反共主義者」(anti-communist)といった語が含まれており、図書館における共産主義関連資料の取り扱いを主軸に置く内容であった。[22] このギンズバーグの提案を受けて、「読書の自由」声明ではラベリング自体への反対が論点となっており、共産主義関連資料の所蔵を直接的に論じる内容ではなくなっている。

第六条では、図書への圧力を「個人やグループが、自分の基準や好みをコミュニティ全体に押し付けてくる場合」と表現し、「出版者や図書館員は、住民の読書の自由を守るために、こうした侵害と闘う責任がある」と宣言している。ワーキングペーパーでは「私的行動と公共政策」の項で、図書に対する超法規的な圧力にどのように抵抗すべきかが複数の論点として挙げられている。会議では主に第一セッションでこれらの論点が扱われており、出版界への圧力と図書館界への圧力という二つの観点から議論が行われた。会議では、出版界への圧力についいては訴訟を起こすなどの法的措置が提案されたが、図書館は公的資金によって運営されているため公権力の支配を受けやすいといった点が指摘されており、運営形態による対応策の違いが議論されていた。しかし、声明においては出版者と図書館員の立場の違いについては言及されず、両者はいずれも読書の自由を守る立場にあることが強調されている。

第七条では、出版者や図書館員の責任とは「思想や表現の質を豊かにする図書を提供することによって、読書の自由に完全な意味を与える」ことであると述べられている。声明においては、この責任を果たすため「悪書への答えは良書であり、悪い思想への答えは良い思想である」ことを示していくべきであると訴えられている。ワーキングペーパーの「私的行動と公共政策」の項では論点のひとつに、専門職としての出版者と図書館員の責任が挙げられている。会議では、第二セッションの冒頭でメディアの社会的責任について論じる中で、出版者と図書館員の責任に関する議論が行われている。会議では、出版者と図書館員はどちらも多様な表現の提供を保障する立場にあることが確認されている。

ウェストチェスター会議は図書館界と出版界の識者および研究者を中心に、知的自由に関わる論点を自由に議論する機会として設定されたものであった。会議の出席者は自由な情報流通の実現を基本理念として掲げながらも、実際の議論の中では共産主義に対する批判的論調が散見された。声明では「破壊的」(subversive)や「共産主義」(communism)または「共産主義者」(communist)といった語は用いられていないものの、ワーキングペーパーではこれらの語が批判的な表現とともに頻出している。図書館界、出版界、さらに学術界においても共産主義思想を脅威ととらえる認識は共有されていたことが確認できる。

一方で、アメリカ出版会議のギンズバーグがアメリカ図書館協会のラベリング声明に対する批判を行っており、「読書の自由」声明ではラベリング声明よりも政治的に穏当な表現を採用するよう提案していた。実際に、ラベリング声明と比較すると、「読書の自由」では反共主義的な思想を反映した文言は減らされている。

ラベリング声明の採択当時は、ソビエト陣営側で出版された資料に対し、共産主義プロパンガンダが含まれているのではないかという疑念が社会に広がっており、図書館においても資料の隔離やラベリングを求める圧力が増加していた[23]。このような共産主義に対する危機感を背景に、ラベリング声明はアメリカ図書館協会の反共主義の姿勢が強く盛り込まれていた。しかしその後、ラベリング声明については一九七一年に共産主義だけではなく性表現を含んだ資料に対してもラベリングを拒否することができるよう、大幅な改訂が行われている。このラベリング声明の例にもみられるように、「図書館の権利宣言」をはじめとしたアメリカ図書館協会の知的自由に関する基本文書は、個別具体的な問題に対して直接言及するのではなく、過去の、そして将来起こりうる様々な問題に対応できるように抽象的な文言が採用されている。ギンズバーグのラベリング声明に対する批判は、その後のアメリカ図書館協会の姿勢に先んじたものであった。これらの点からも「読書の自由」は、より普遍的な声明を作成することが目指されたと考えられる。

また、ワーキングペーパーの論点「猥褻とポルノグラフィー」では、品位を守るためにペーパーバックにも放送コードやコミックコードのような自主規制基準を設けることが検討されている。このような出版業界内での自主規制についてはウェストチェスター会議の中でも議論が行われている。ペーパーバック出版社であるニュー・アメリカン・ライブラリー社社長のウェイブライトは、ペーパーバックに対する圧力が増加した原因は表紙のデザインの過激さではなく販路の拡大によるものであると述べていた。一方で、アメリカ出版会議会長で大手総合出版社であるダブルディ社社長のブラックは出版社側の自主規制を求めていた。またベレルソンも、出版者が営利を求めるあまり悪趣味な図書が流通していると述べ、自主規制を求める方針を支持していた。こうした自主規制推進派と反対派のせめぎ合いを反映するかのように、声明第四条の副文では「未成熟な好み、発育の遅い好み、それに不適応な好みの要求を満たすことは嘆かわしい」として、人々の読書選好の向上を求める文言が盛り込まれた。

一九四七年に「プレスの自由調査委員会」(The Commission on Freedom of the Press)がメディアの社会的責任について論じた報告書『自由で責任あるメディア』(*A Free and Responsible Media*)[24]を刊行しており、上記のような出版者の社会的責任については会議出席者の関心も高かったと考えられる。

ウェストチェスター会議のワーキングペーパーでは、図書館員と出版者の役割に関する論点として、マッカーシーによる海外図書館の蔵書に対する検閲問題について述べられており、共産主義に親和的な内容の図書の取り扱いが論じられている。この問題についてウェストチェスター会議では、図書館員は著者の経歴を理由に図書の所蔵を拒否するべきではないとの意見に対し、満場一致で合意が得られている。一方、出版者が著者の経歴を理由に図書を出版しないことについては、作家で政治学者でもあるロステンから、出版社は私企業であるという理由から、著者の経歴を理由とした出版の是非については保留とすべきであると主張がなされていた。これに対し、知的自由委員会委員長であるディックスが、出版者も公共の利益に資するべきであると反論し、図書館員と出版者のどちらも著者の経歴を理由に図書の所蔵や出版を拒否するべきではないとの結論が出された。著者の経歴を理由に図書を選択しないことを宣言するこの文言は、最終的に声明の第三条にも反映された。

このような図書館界、出版界で相互に異なる論点が示されるなか、当初は図書館界あるいは出版界どちらかに特有の問題であると考えられていた論点について議論を交わすことにより、双方に関わる内容であることが確認される場面もあった。たとえば特定の図書を排除するラベリング行為は、当初図書館の問題とされていたが、会議での議論を通じてラベリングを否定する図書館界の理念が出版界においても共有されることが確認された。

ウェストチェスター会議では、図書館員、出版者、研究者などが、読む自由を取り巻く問題について多様な論点から議論を交わした。議論のテーマにはポルノグラフィーと猥褻の境界を問う道徳的問題と共産主義への姿勢を問う政治的問題が含有されており、出席者個人の問題意識には齟齬や対立が見られた。しかしながら表現の自由および多様な表現にアクセスする自由の双方の観点から包括的な議論が行われ、読書の自由を制限するあらゆる動きに抵抗するという共通理念として「読書の自由」声明が具現化されたといえる。

注

1 "Labeling—A Report of the ALA Committee On Intellectual Freedom," *ALA Bulletin.* Vol. 45, No. 7, 1951, p. 241-244.

2 "Working Paper, ALA/ABPC Conference on the Freedom to Read, Westchester Country Club, Rye, New York, May 2-3, 1953," 23 April 1953, Record Series 18/1/26, Box 3, Folder: Committees - Intellectual Freedom, 1941-62, American Library Association Archives at the University of Illinois at Urbana-Champaign.

3 同上

4 一九五〇年代アメリカでは軍需産業の成長に伴う経済的繁栄と冷戦を背景とした思想的不寛容の流れを受けて、社会批判を忌避し現状維持を求める風潮が高まった。こうした態度は順応主義（コンフォーミズム）と呼ばれた。鈴木透『実験国家アメリカの履歴書：社会・文化・歴史にみる統合と多元化の軌跡』慶應大学出版会、2003、p. 133-136。

5 アメリカ公共図書館史および知的自由に関する文献の翻訳を行ってきた川崎良孝は「読書の自由」の翻訳においてconformityを「順応」と訳している。

6 前掲注2

7 一九四七年、トルーマン政権下で連邦政府職員らに対する忠誠審査の実施を決定する大統領命令が出された。その内容は政府職員を対象に、政治的立場や政治団体への関与を理由に罷免することを可能とするものであった。これに伴い、州法でも相次いで忠誠審査の実施が決められ、全米へと広がった。田口富久治「忠誠審査」『日本大百科全書』小学館 , JapanKnowledge. http://japanknowledge.com/lib/display/?lid=1001000151868,（参照　2019-06-06）.

8　前掲注2

9　作家ファストは元共産党員であり、この当時、海外図書館をはじめとして様々な図書館においてファストの著書が禁じられる動きが起こっていた。

10　ハメットは著名な推理小説作家であったが、共産党員であるとの疑いから、マッカーシーによる尋問を受けた。

11　Office for Intellectual Freedom of the American Library Association, comp.『アメリカ図書館協会の知的自由に関する方針の歴史：『図書館における知的自由マニュアル』第9版への補遺』[*A History of ALA Policy on Intellectual Freedom: A Supplement to the Intellectual Freedom Manual, Ninth Edition*] 川崎良孝訳、京都図書館情報学研究会、2016、p. 81-86。

12　ワーキングペーパーはタイプ打ちの八ページの本文と二部構成の付録で構成されている。付録の第一部のタイトルは「図書に対する最近の圧力」(Recent Pressures on Books) で、分量は七ページ、付録第二部のタイトルは「図書と憲法上の保障」(Books and Our Constitutional Guaranties) で、分量は五ページである。

13　Bolté, Charles G. "ALA/ABPC Conference on the Freedom to Read, Westchester County Club, Rye,

New York, May 2 and 3, 1953," LC, Central File: MacLeish-Evans, Container 871, Folder: Library Cooperation 18.

14　同上

15　前掲注1

16　前掲注13

17　実際には、全米ＰＴＡ協議会は「読書の自由」の公式な承認に至っていない。

18　これらのウェストチェスター会議での議論を受けて、読書の自由に関する調査が実施された。一九五七年には報告書として全米図書委員会の支援を得て下記の報告書が刊行されている。同書はシカゴ大学のリチャード・マッキーオン、コロンビア大学のロバート・Ｋ・マートン、コロンビア大学法科大学院のウォルター・ゲルホーンによる共著であり、読書の自由と検閲に関する理論的問題を検討している。マートンとゲルホーンは「読書の自由」声明にも署名しており、ウェストチェスター会議の関係者とは問題意識を共有していた。McKeon, Richard, Robert K. Merton, and Walter Gellhorn. *The Freedom to Read: Perspective and Program.* R.R. Bowker Co., 1957, 110p.

19　前掲注11、p. 81。

20　前掲注11、p. 81-86。

21　同上

22　前掲注1

23 ラベリング声明の採択時には、ソビエト陣営で出版された図書には共産主義プロパガンダの傾向があると考えられていたため、外国語資料の取り扱いが問題になっていた。Robbins, Louise S.『検閲とアメリカの図書館：知的自由を擁護するアメリカ図書館協会の闘い　１９３９年－１９６９年』［*Censorship and the American Library: the American Library Association's Response to Threats to Intellectual Freedom, 1939-1969*］川崎良孝訳、日本図書館研究会、1998、p. 72。

24 Commission on Freedom of the Press『自由で責任あるメディア：マスメディア（新聞・ラジオ・映画・雑誌・書籍）に関する一般報告書』［*A Free and Responsible Press: A General Report on Mass Communication: Newspapers, Radio, Motion Pictures, Magazines, and Books*］渡辺武達訳、2008、論創社、205p。

第5章　「読書の自由」声明に対する反応と影響

本章では、「読書の自由」声明に対するマスメディアの反応と、一九五七年の報告書『読書の自由』刊行に焦点を当て、「読書の自由」声明採択の社会的影響を明らかにする。はじめに「読書の自由」声明の採択が、新聞や雑誌でどのように取り上げられたのかを検討することで、「読書の自由」声明に対するマスメディアの反応を把握する。次に、ウェストチェスター会議での議論を契機として実施された、読書に関する研究プロジェクトの成果報告書である『読書の自由』について検討する。最後に、「読書の自由」声明採択以降の新たな展開として、「読書の自由」声明に関連する文書、読書の自由財団、禁書週間について検討する。

1　マスメディアの反応

アメリカ出版会議のボルテは七月一〇日付のアメリカ出版会議会報 *bulletin* で、「読書の自由」声明に対するマスメディアの反応を報告している。ボルテは報告の中で、AP通信が多数の日刊紙に「読書の自由」を取り上げた記事を送っており、週刊誌では *Time* や *Newsweek*、*The Nation* など五誌が「読書の自由」について取り上げたと伝えている。[1] さらに、日刊紙では *New York Times*、*Washington Post* など六紙が「読書の自由」声明の全文を掲載したこと、[2] さらにこの二紙を含めた一二の新聞が「読書の自由」に好意的な論説を掲載していると報告している。[3] 特に *New York Times*、*Washington Post*、*Christian Science Monitor*、*Norfolk Virginian Pilot*（ヴァージニア州）の四紙は声明の全文を掲載し、かつ論説でも好意的に取り上げており、検閲問題への関心の高さが窺える。[4]

一方、「読書の自由」に対して否定的な論説を掲載したのは以下の四紙で、*Richmond Times Dispatch*（ヴァージニア州）、*Wall Street Journal*、*New York World-Telegram & Sun*、*Sioux Falls Argus Leader*（サウスダコタ州）であった。さらに、二名のコラムニストが「読書の自由」に言及しており、ドロシー・トンプソン（Dorothy Thompson）は好意的な意見を、レイモンド・モーリー（Raymond Moley）は否定的な意見を述べた。[5]

では、これらの報道の内容はどのようなものだったのだろうか。一九五三年六月二六日付の

New York Times[6]には「読書の自由」声明の全文とともにアメリカ出版会議会長であるブラックの顔写真が掲載されている[7]。*New York Times* は翌日の六月二七日にも「読書の自由」に言及した記事を掲載している[8]。*Washington Post* にはアメリカ議会図書館長エヴァンスの顔写真が掲載されており、七月二日には論説を掲載している[9]。ボストンに本社を持ち、国際報道に定評のある高級全国紙 *Christian Science Monitor*[10] は一九五三年六月二六日付の記事で「読書の自由」声明の全文と「海外図書館に関する声明」の全文を掲載するとともに、同面に論説[11]を掲載するなど大きく取り上げている[12]。

こうした好意的な論調の一方で、「読書の自由」声明に対する批判的な論説も存在した。主要経済紙の *Wall Street Journal* は一九五三年七月二日付の論説[13]において、「自称ガーディアン」(Self-Appointed Guardians) という小見出しで「読書の自由」の採択を取り上げている。「読書の自由」声明は前文・後文と七か条で構成されているが、このうち第六条では、市民グループなどによる図書に対する法の枠を超えた圧力に対する抵抗の意思が示されている。第六条では法的措置を伴わない図書への圧力を「個人やグループが、自分の基準や好みをコミュニティ全体に押し付けてくる場合」と表現し、出版者や図書館員をこうした好みの押し付けに抵抗する「住民の読書の自由の守護者」(guardians of the people's freedom to read) として位置づけている。「自称ガーディアン」という小見出しは、この表現を揶揄したものである。

Wall Street Journal の論説では、国務省国際情報局に属する海外図書館を「個人の自由のシ

ステムを宣伝する機関」（agencies of propaganda for the system of individual freedom）であると位置づけ、その海外図書館に共産主義に親和的な著者による著作を所蔵するのは適切だろうかと問いかけている。また同紙は、「自由それ自体が制限されるべきであるという考え方でさえも収集する」という考え方を「寛容」が「ゆがめられている」（distorted）であるとして批判している。これは「読書の自由」声明の第一条である「出版者や図書館員は、最大限に多様な見解や表現を提供することで公益に資する」を反映している。さらに、「出版社は出版する本を選択する」また「図書館員はラブレー（Rabelais）を児童書の中には入れない」など例を挙げながら、図書館員や出版者による選択が実際に行われているにもかかわらず、特定の図書を書架から除くことは検閲だとする主張は欺瞞であると述べている。以上のように、リベラルな報道を重視するマスメディアにおいては「読書の自由」声明の発表が好意的に受け止められたが、保守系のマスメディアからは批判的な論調が見られた。

「読書の自由」声明が採択された二ヶ月後の *ALA Bulletin* 八月号では、アメリカ書籍商協会（American Booksellers Association）、全米教育協会「教育によって民主主義を守る全国委員会」、アメリカ新聞同盟（American Newspaper Guild）、ワシントン図書館協会（Washington Library Association）が新たに「読書の自由」声明を承認したと伝えられている。[14] その後、*ALA Bulletin* 一〇月号で、カナダ図書館協会（Canadian Library Association）、アメリカ法律家協会（American Bar Association）、アメリカ古書販売者協会（Antiqurian Booksellers Association of America）、書籍製造者協会（Book

Manufacturers' Institute）などからも声明の承認が伝えられた。(15)

しかしながら、「読書の自由」声明の関係者たちにとっては、「読書の自由」声明が社会に与えた影響は十分なものではなかったようである。「読書の自由」声明が発表されて一年後の一九五四年八月二三日付の手紙の中で、ボルテはビクスラーに宛てて「読書の自由」の影響について述べている。ボルテは「声明の送付を求める手紙は多く、三七〇の図書館から依頼が来たが、実際に「読書の自由」を採択している図書館や団体は少数である」と書き送っている。(16)この書簡は、声明発表の一年後の時点では、「読書の自由」を知的自由にかかわる理念として掲げる図書館は少なかったことを示すものである。

2 アカデミアへの影響――報告書『読書の自由』（一九五七年）

一九五七年の報告書『読書の自由』（*The Freedom to Read: Perspective and Program*）の刊行はウェストチェスター会議による重要な成果物の一つであった。この報告書は、ウェストチェスター会議をきっかけに設立された全米図書委員会（National Book Committee）が、共和国基金による助成を受けて出版された。(17)序文には「読書の自由小委員会」（Freedom to Read Sub-Committee）として、委員長のジョージ・N・シャスター（George N. Shuster、ハンター大学学長）(18)、デトリーブ・

W・ブロンク（Detlev W. Bronk、ロックフェラー大学学長）[19]、ルイス・ガランティア（Lewis Galatière、仏英翻訳家・元PENアメリカンセンター会長）[20]、アルフレッド・A・クノップ、アーチボルト・マクリーシュ、レオ・ロステンら六名の名が記載されている。

報告書『読書の自由』は、シカゴ大学のリチャード・マッキーオン（Richard McKeon）、コロンビア大学のロバート・K・マートン、コロンビア大学法科大学院のウォルター・ゲルホーンによる共著であり、読書の自由と検閲に関する問題を理論的側面から検討を行っている。[21] マッキーオンは哲学者であり『自由と歴史』（*Freedom and History*, 一九五二）などの著作で知られるとともに、ユネスコの初期メンバーでもあり、一九四八年の「世界人権宣言」の起草にも深く関わっていた。[22] マートンは著名な社会学者であり、主著『社会理論と社会構造』（*Social Theory and Social Structure*, 一九四九）をはじめとして機能主義の理論や中範囲の理論で知られ、社会学理論の発展に寄与した人物である。法学者であるゲルホーンの『言論の自由と権力の抑圧』[23]は検閲問題に関する古典的文献として知られているが、同書の第二章「読書に対する制限」は報告書『読書の自由』の内容をもとに執筆されたものである。マートンとゲルホーンは「読書の自由」声明にも署名しており、ウェストチェスター会議の関係者とは問題意識を共有していた。

報告書『読書の自由』は第一章「検閲と読書の自由」（Censorship and the Freedom to Read）、第二章「必要とされる知識」（Some Needed Knowledge）、第三章「緊急の措置」（Some Immediate Steps）の三章構成になっている。巻末には一二ページの要約が付されている。以下では、この要約をもとに各章の概要を紹介する。

報告書の序論[24]では、まず検閲の概念について定義を行っている。ここでは、検閲を「言論、表現、コミュニケーションの禁止と妨害」とし、同時に「特定の作品や特定の種類の作品の流通の禁止、それらへのアクセスの制限、およびそれらの一部を削除するよう求める警察権の行使や私的グループの扇動」を含むものとして定義づけている。さらに、思想および表現の自由が危機的状況にあるとの認識を示したうえで、読書の自由に関する調査を行うことは、民主主義制度が依拠する思想および表現の自由についての理解を前進させるものであると述べている。また、検閲を「読書の自由に対する明らかな脅威」としながらも、検閲に対抗するだけで読書の自由を促進することはできないと述べている。ここでは、読書の自由を実現するためには、「人々の読書レベルを高め、読者の要求を変化させ、現代社会の創造的な芸術家や思想家の作品を奨励すること」が必要であるとの見方を示している。また、序論の最後では、読書の自由を促進するための取り組みは、(1)読書に関する公共政策のための理論構築、(2)読者に対する図書の影響および読書嗜好の形成に関する実証的研究、(3)読書の自由を擁護するための活動、の三つから構築されると提言している。

報告書の第1章「検閲と読書の自由」(Censorship and the Freedom to Read)[25]では、(1)「どのような理由から検閲または自由の擁護が行われるのか」、(2)「検閲の発生」、(3)「検閲のメカニズム」、の三点から読書の自由が論じられている。(1)「どのような理由から検閲または自由の擁護が行われるのか」では、検閲を支持する側と自由を支持する側の両方について、哲学的観点、政治的・法的観点、道徳的・社会的観点の三つの角度から理論的検討を行っている。上記の検討の総括として、図書の流通に制限を設けることは、不道徳、暴力、国家転覆を防止する手段にはなりえないとして、検閲に反対するという姿勢が改めて強調されている。

（2）「検閲の発生」では、検閲の効果に関する検討が行われている。著者は、ポルノグラフィーや質の低い出版物は問題である、と述べる一方で、そのような資料へのアクセスを禁じたとしても、不道徳な行為を防止することにはつながらず、資料の入手制限を設けることは、優れた資料にアクセスできる可能性を妨げることになると結論づけている。

（3）「検閲のメカニズム」では、社会における検閲の現状に関する分析が行われている。著者は、アメリカにおける検閲は、連邦政府や州・地方の当局による事前検閲と、市民グループや個人の圧力による検閲の二種類が存在することを指摘したうえで、修正第一条の法的解釈を検討する必要性があると述べている。さらに、郵便当局による出版物の郵送制限、税関職員による出版物の輸入制限、商務省による出版物の輸出制限、国家安全保障に関する機密情報の公開制限など、行政機関による情報流通の制限が増加傾向にあることを問題視している。

報告書の第2章「必要とされる知識」（Some Needed Knowledge）[26]は、読書研究の可能性を指摘した章である。ここでは、読書の自由を制限する活動を行う側の主張には客観的情報が不足していると指摘し、この問題を検討する際に必要と考えられる三つの研究領域の可能性を提示している。

第一の「読者の性格と行動に対する図書の影響の研究」として、「読書の心理的影響に関する既存の研究の体系化」と「検閲された図書への読者の反応」の二つの論点を提示している。「読書の心理的影響に関する既存の研究の体系化」として、心理学、社会心理学、社会学の分野から、本を読むことが人の態度、価値観、行動に与える心理的影響についての体系的研究の実施を提案している。「検閲された図書への読者の反応」に関する研究としては、「特定の図書をポルノグラフィーであると主張する読者は、その他の無害な図書における性表現でさえも問題視する傾向にある」という仮説を検証する必要性があると主張している。

第二の研究領域は「読書の社会心理学・経済学」である。ここでは、「読書と好みのパターンの形成」および「自由のエコノミクス」(The economics of freedom)の二つの論点が提示されている。「読書と好みのパターンの形成」に関する研究とは、人間の興味・関心や嗜好がどのように形成されているかを明らかにするものである。ここでは、こうした分野の調査を行うことで、人々の読書パターンや他のマスメディアによる情報に対する選好パターンがどのように形成されるかについて、その要因を特定することができると述べられている。「自由のエコノミクス」については、コミュニケーション・メディアの経済構造について比較研究を行うべきであると述べられ、特に書籍出版と出版流通の経済構造に関する研究が奨励されている。

第三の研究領域は、「読書の自由を求める取り組みと実際の制限の社会的パターンの研究」

である。ここでは、「検閲を支持する社会的基盤」、「検閲に抵抗するコミュニティの取り組み」、「図書館員に対する圧力の影響」、「教科書をめぐる論争が著者や出版社に与える影響」の四つの論点が挙げられている。「検閲を支持する社会的基盤」では、検閲研究の有効性を示したうえで、検閲をめぐる活動に最も深く関与しているのは誰か、動機、組織の性質、検閲を支援する基盤が何かを明らかにする必要性を指摘している。「検閲に抵抗するコミュニティの取り組み」では、どのようなコミュニティが検閲に対し脆弱なのかを明らかにすることや、検閲に抵抗するうえで有効な措置とはどのようなものかを明らかにするよう求めている。「図書館員に対する圧力の影響」では、検閲や図書への圧力が図書館員の態度や行動に与える影響を体系的に研究する必要があると述べられている。「教科書をめぐる論争が著者や出版社に与える影響」では、学校もしくは教員が採用した教科書を変更するよう求める圧力について検討している。この問題については、教科書の変更が求められた事例において、教科書の内容が圧力の前後でどのように変化したのかを検討することを提案している。

報告書の第3章「緊急の措置」（Some Immediate Steps）では、調査研究の実施などの検閲の発生を予防する社会的風土の醸成だけでなく、現時点で起こっている検閲問題への対処法を提案している。

一つ目の提案は、州や各地方における検閲法令の正当性を問う議論を起こすことである。例えば、猥褻出版物の流通制限の根拠となっている法令は、それ自体が有効性を問われているため、検閲法令に関しても同様に、法令の有効性を問う議論を行うことを提言している。

二つ目は現行法規の改訂である。一つ目の提言と関連して、既存の制定法を徹底的に評価する必要があると述べている。

三つ目は、郵便や税関における連邦政府の検閲に対する評価である。出版物の流通制限は、郵便局や税関業務の中で行われているため、この問題についても調査を行う必要があると述べられている。

四つ目は、図書の消費者または流通経路としての政府の役割の評価である。アメリカで販売されているハードカバー本の約半分は、連邦、州、または地方の行政機関への直接販売か、政府機関による教科書採用により販売されている。そのため、教科書選択の基準についても見直しと検討が必要であると述べられている。

五つ目は、図書の出版と流通に対する特別な法的圧力を制限することである。ここでは、市民グループによるボイコット運動を「ある特定の集団の道徳的価値観をコミュニティ全体に強制する圧力」と表現しており、このような経済的圧力に対して、法的措置をとることを提案している。

六つ目は、読書の自由の理念的背景を示した資料の作成である。アメリカにおける読書の自由の概念について、包括的な分析の必要性を主張している。

七つ目は、各地域レベルでの反検閲コミュニティの育成である。ここでは、各地域で起こる検閲運動については、それぞれの地域で抵抗する責任があると述べた上で、国の機関が地域の知的自由の保護のために活動を奨励すべきであると主張している。

3 図書館界における受容と発展——理念から実践へ

本節では、「読書の自由」声明成立後の図書館界を中心とした受容と発展を明らかにするうえで、「読書の自由」声明に関連する文書、読書の自由財団、禁書週間について検討する。アメリカ図書館協会の知的自由関連文書のうち、「読書の自由」声明と同様に表現の「受け手」の自由に焦点を当てた文書として、一九七一年「知的自由声明」(Intellectual Freedom Statement)と一九九一年「見る自由声明」(Freedom to View Statement)がある。

一九七一年に採択された「知的自由声明」は、「読書の自由」声明を基礎に置いた文書である[27]。「読書の自由」声明は出版者と図書館双方の観点を踏まえた内容となっているのに対し、「知的自由声明」は図書館サービスに焦点を当てた内容となっている[28]。なお、「知的自由声明」は「図書館の権利宣言」や「読書の自由」と内容が重複しているとして、一九八二年に「図書館の権利宣言」解説文からは削除された[29]。

「見る自由声明」は、アメリカ・フィルム・ビデオ協会(前・教育フィルム図書館協会)の「見[30]

る自由委員会」(Freedom to View Committee) が作成・採択した文書である[31]。同文書は一九九〇年にアメリカ図書館協会評議会が承認している。「見る自由声明」では、映画、ビデオ、その他の視聴覚資料は、様々なアイデアを伝達する有効な手段であり、こうした視聴覚資料へアクセスを提供することは、合衆国憲法修正第一条における表現の自由の保障において不可欠であると述べられている。

アメリカ図書館協会の外郭団体に、「読書の自由」の名を冠した「読書の自由財団」がある。読書の自由財団は、一九六九年に合衆国憲法修正第一条を支持する活動によって職を失った図書館員の支援団体として設立され、二〇一九年に五〇周年を迎えた[32]。アメリカ図書館協会は、内国歳入法(The Internal Revenue Code) に基づき、非営利団体としての免税措置を受けているが、公職候補者に対する支持や反対運動などの政治活動に制限がある[33]。読書の自由財団の設立にあたっては、アメリカ図書館協会に対する免税措置に悪影響を与えず、自由な活動ができるように、あえてアメリカ図書館協会の外に置かれたという経緯がある[34]。初代事務局長は、初代知的自由部部長でもあるクラグが務めており、二〇一八~二〇一九年度会長はコミック弁護基金(Comic Book Legal Defense Fund) 事務局長でもあるチャールズ・ブラウンスタイン(Charles Brownstein) が務めている[35]。

読書の自由財団は、合衆国憲法修正第一条に基づき、図書館が情報を収集する権利と、個人が情報にアクセスする権利を保障することに関わる判例の蓄積を行うべく、裁判に関わる人員や資金面の援助活動なども行っている。[36] 非営利の法律・教育団体であり、アメリカ図書館協会とは別のメンバーシップを持つ団体として位置づけられているが、実質的にはアメリカ図書館協会の関連機関である。[37]

マッカーシズムが去った後も「読書の自由」の理念がアメリカの図書館員や出版関係者に共有されていることを示す例として、「禁書週間」がある。禁書週間は、読書の自由や情報アクセスの自由をテーマとした最大規模のイベントである。一九八一年にアメリカ書籍商協会のコンベンションでの展示が話題となり、一九八二年にALA知的自由部部長のクラグらが中心となって開催された。[38] 例年九月の最終週に全米の図書館や書店で様々な展示やイベントが行われるほか、作家や図書館員によるオンライン朗読会なども行われている。[39] 現在もALA知的自由部が中心となり、読書の自由を唱導するイベントとして開催されている。

二〇一九年は、アメリカ図書館協会、読書の自由財団、アメリカ書籍商協会、アメリカ大学出版局協会（Association of American University Presses）、コミック弁護基金、脚本家弁護基金（Dramatists Legal Defense Fund）、教育における個人の権利財団（Foundation for Individual Rights in Education：FIRE）、インデックス・オン・センサーシップ（Index on Censorship）、全米反検閲連盟（National Coalition Against Censorship）、全米英語教師協会（National Council of Teachers of English）、ピープル・フォー・ザ・アメリカン・ウェイ（People for the American Way）がスポンサーになっている。また、全米ジャーナリスト・作家協会（American Society of Journalists and Authors）、全米作家協会（The Authors

Guild)、ペン・アメリカ（PEN America）、プロジェクト・センサード（Project Censored）から寄付を得ている。さらに、協賛団体としてアメリカ議会図書館のセンター・フォー・ザ・ブック（Center for the Book in the Library of Congress）が、協力団体としてDKT・リバティ・プロジェクト（DKT Liberty Project）とペンギン・ランダムハウス社（Penguin Random House）が関わっている。

このうち、アメリカ図書館協会、アメリカ書籍商協会、全米ジャーナリスト・作家協会は初期から継続的に禁書週間のスポンサーを務めている団体である。また、二〇一八年以降はスポンサーを離れているものの、アメリカ出版協会も初期から禁書週間のスポンサーを務めている。コミック弁護基金、全米反検閲連盟、ペン・アメリカは二〇一一年から新たにスポンサーとなった団体である。

本章は一九五三年の「読書の自由」採択に対するマスメディアの反応と、ウェストチェスター会議の成果である報告書『読書の自由』を取り上げ、マスメディアとアカデミアにおける「読書の自由」声明の影響を明らかにした。さらに、「読書の自由」声明の展開として、関連する文書、読書の自由財団、禁書週間について検討した。

「読書の自由」声明の採択は、*New York Times* や *Washington Post* などリベラルな報道を重視するメディアからは好意的な評価を受けた。一方で、保守系のメディアである *Wall Street Journal* は、「読書の自由」声明に対する批判的な論説を掲載している。同紙の論説は「読書の自由」声明採択の背景として海外図書館での検閲問題に言及し、海外図書館において共産主義関連資料を排除することは、図書館や出版者による「選択」と同様の行為であり、「検閲」には当たらないと主張している。海外図書館はアメリカの対外情報政策機関である国務省国際情報局に属しており、冷戦下のアメリカで情報政策の一翼を担う機関として位置づけられていたが、マッカーシズムの影響を受け、予算削減や人員削減の危機に晒されていた。

「読書の自由」声明のパンフレットは多くの図書館員や出版関係者に読まれたが、採択の一年後の段階では声明の採択団体は少数に留まっていたことが明らかになった。

ウェストチェスター会議での議論を受けて刊行された、報告書『読書の自由』では、検閲に抵抗するだけでなく、人々の読書選好を向上させることが、読書の自由の実現につながるという主張を含んでいた。こうした主張は、ウェストチェスター会議での議論および一九五三年版「読書の自由」の内容とも共通するものであった。[40]

さらに、検閲に関する調査研究が必要であるというウェストチェスター会議での提案は、図書館員による自己検閲の実態を明らかにしたフィスク調査の実施につながった。[41] 共和国基金による資金援助を受けて、一九五六年九月からカリフォルニア州を対象に調査が行われ、一九五九年に『図書選択と検閲』（*Book Selection and Censorship*）が刊行されている。[42]

「読書の自由」声明の採択によって、読書の自由の守護者として自らを位置づける図書館員と出版者の姿勢は、当時の社会から一定の評価を得た。また、ウェストチェスター会議での議論は、検閲の実態を解明することを目指す研究の実施を後押しすることになった。「読書の自由」声明は、現在も図書館界が表現の自由と自由な情報アクセスを基本的理念として表明する際の強固な理念的基盤となっている。

このように、知的自由の理念形成に向けた取り組みが進展する一方で、一九五〇年代を通じて知的自由委員会は予算不足に苛まれており、実際に知的自由の問題に取り組む図書館員の雇用を守る上で必要な法的支援や財政面での支援体制は整っていなかった。[43] 一九六九年の読書の自由財団の設立は、こうした状況への打開策となるものだった。読書の自由財団は、非営利団体であるアメリカ図書館協会の税法上の立場を守るため、アメリカ図書館協会とは異なる法人として設立された。[44] これにより、図書館員が知的自由の理念を支持し、図書館業務の中で実践することによって不利益を被ることのないよう、裁判費用に対して財政的支援を行うことが可能となった。また、禁書週間は図書館のみならず、書店や出版者、作家などが参画し、読書の自由の理念を社会に対してアピールする催しとして一九八〇年に始まり、現在も行われている。こうした実践面での取り組みは、「読書の自由」声明の展開として特に重要なものである。

注

1 Charles G. Bolté "Public response to the Westchester declaration on "The Freedom to Read," released Thursday, June 25th, 1953," *bulletin*, 1953 July 10, LC, The Central File: MacLeish-Evans, Container 871, Folder: Library Cooperation 18.

2 具体的には、Time、Newsweek、The Nation に加え、The CIO News、The Machinist の名前が挙がっている。

3 具体的には、New York Times、Washington Post に加えて、Norfolk Virginian-Pilot（ヴァージニア州）、Christian Science Monitor、Saturday Review、The New Republic が「読書の自由」の全文を掲載したと伝えている。

4 二紙のほか、Norfolk Virginian-Pilot（ヴァージニア州）、Christian Science Monitor、Providence Journal（ロードアイランド州）、Baltimore Sun（メリーランド州）Salisbury Times（ワシントンD.C.）、Newark Times（ニュージャージー州）、Rochester Democrat & Chronicle（ニューヨーク州）、San Antonio Express（テキサス州）、Greensboro News（ノースカロライナ州）、Hartford Times（コネチカット州）が「読書の自由」に好意的な論説を掲載したと伝えている。

5 前掲注1

6 "Texts of Librarians' Manifesto and Resolution on Book Curbs," *New York Times*. 1953 June 26, p. 8.

7 "Freedom to Read," *New York Times.* 1953 June 27, p. 14.

8 "Freedom to Read Is Essential, Publishers, Librarians Declare," *Washington Post.* 1953 June 26, p. 24.

9 "Freedom to Read," *The Washington Post.* 1953 July 2, p. 26.

10 ＧＨＱ情報課長として知られるドン・ブラウンは一九三〇年代に同紙の通信員を務めていた。

11 三浦太郎「戦後占領期におけるアメリカ図書館像：ＣＩＥ図書館のサービスを中心に」『図書館と読書をめぐる理念と現実』相関図書館学方法論研究会編著、2019、松籟社、p. 95-138。

12 "Publishers and Librarians Seek to Block Wave of Censoring," *Christian Science Monitor.* 1953 June 26, p. 3.

13 "Librarians Demand Full Freedom for Reading All but Obscene Book," *Christian Science Monitor.* 1953 June 26, p. 3.

14 "Review and Outlook-Self-Appointed Guardians," *The Wall Street Journal.* 1953 July 2, p. 4.

15 Clift, David H. "Memo to Members," *ALA Bulletin.* Vol. 47, No. 8, 1953, p. 338-339.

16 Clift, David H. "Memo to Members," *ALA Bulletin.* Vol. 47, No. 10, 1953, p. 450-451.

17 Charles G. Bolté to Paul Bixler, 1954 August 23, ALA Archives, Record Series 69/1/5, Box 2, Folder: BA-BZ Correspondence, 1952-1956, 2 of 2.

Robbins, Louise S.『検閲とアメリカの図書館：知的自由を擁護するアメリカ図書館協会の闘い　１９３９年－１９６９年』[Censorship and the American Library: the American Library

Association's Response to Threats to Intellectual Freedom, 1939-1969〕川崎良孝訳、日本図書館研究会、1998、p. 129。

18　会議には出席していないものの、ハンター大学学長のシャスターも、ウェストチェスター会議に招待されていた人物の一人である。Mcquiston, John T. "George Shuster, Former Hunter President, Dies at 82," *New York Times*. January 26, 1977. https://www.nytimes.com/1977/01/26/archives/george-shuster-former-hunter-president-dies-at-82.html,（accessed 2019-06-06）.

19　Webster, Bayard. "Dr. Detlev W. Bronk, 78, Of Rockefeller U., Is Dead," *New York Times*. November 18, 1975. https://www.nytimes.com/1975/11/18/archives/dr-detlev-w-bronk-78-of-rockefeller-u-is-dead.html,（accessed 2019-06-06）.

20　Hess, John L. "Lewis Galantiere, Translator of French Works, Dies," *New York Times*. February 22, 1977. https://www.nytimes.com/1977/02/22/archives/lewis-galantiere-translator-of-french-works-dies.html,（accessed 2019-06-06）.

21　McKeon, Richard, Robert K. Merton and Walter Gellhorn. *The Freedom to Read: Perspective and Program*. R.R. Bowker Co., 1957, 110p.

22　McKeon, K. Zahava and William G. Swenson, eds. *Selected Writings of Richard McKeon,Volume 1: Philosophy, Science, and Culture*. University of Chicago Press, 1998, p. 4.

23　Gellhorn, Walter『言論の自由と権力の抑圧』〔*Individual Freedom and Governmental Restraints*〕. 猪俣幸一他訳、1959、277p。

24 前掲注21

25 同上

26 同上

27 "Intellectual Freedom Statement," *American Libraries*. 1971, Vol.2, No. 8, p. 831-833.

28 Office for Intellectual Freedom of the American Library Association, comp.『図書館の原則：図書館における知的自由マニュアル（第3版）』[*Intellectual Freedom Manual 3rd Edition*] 川崎良孝、川崎佳代子訳、日本図書館協会、1991、p. 137-143。

29 川崎良孝、村上加代子「『図書館の原則』（Intellectual Freedom Manual, Office for Intellectual Freedom, ALA）の変遷と図書館界」『京都大学生涯教育学・図書館情報学研究』2008、Vol. 7、p. 43-61.

30 同上

31 "Freedom to View Statement," American Library Association Film and Media Round Table. http://www.ala.org/rt/vrt/professionalresources/vrtresources/freedomtoview, (accessed 2019-06-06).

32 "About FTRF," Freedom to Read Foundation. https://www.ftrf.org/page/About, (accessed 2019-06-06).

33 "American Library Association Tax Exempt Status," American Library Association. http://www.ala.org/educationcareers/employment/resources/alataxexemptstat (accessed 2019-06-06).

34 川崎良孝、安里のり子、高鍬裕樹『図書館員と知的自由：管轄領域、方針、事件、歴史』京都図書館情報学研究会、2011、p. 28。

35 "2018-2019 Board of Trustees Roster," Freedom to Read Foundation. https://www.ftrf.org/page/Roster, (accessed 2019-06-06).

36 Office for Intellectual Freedom of the American Library Association, comp.『図書館の原則 改訂4版：図書館における知的自由マニュアル（第9版）』[*Intellectual Freedom Manual 9th Edition*] 川崎良孝、福井佑介、川崎佳代子訳、日本図書館協会、2016、p. 266-267。

37 前掲注34、p. 125。

38 前掲注36、p. 258。

39 "Banned Books Week," https://bannedbooksweek.org/, (accessed 2019-06-06).

40 例えば、以下のような箇所で報告書『読書の自由』の記述と同様の主張が見られる。ウェストチェスター会議の第二セッションでは、ペーパーバック出版に対する自主規制が論題となっている。この中で、ダブルディ社社長ブラックは、「出版者は良識に従って自主規制を行い、出版物の質の引き上げに取り組むべき」と発言している。また、一九五三年版「読書の自由」声明の第四条では「未成熟な好み、発育の遅い好み、それに不適応な好みの要求を満たすことは嘆かわしい」という文言が存在する。この時期には読者の読書選好を向上させることで、情報の送り手に対する需要の変化をもたらし、より質の高い情報流通の実現につながると考えられていた。この文言は一九七二年「読書の自由」声明改訂時には削除されている。

41　前掲注17

42　Fiske, Majorie. *Book Selection and Censorship*. Berkeley and Los Angeles, University California Press, 1959, p. 145.

43　Dix, William S. "Intellectual Freedom," *Library Trends*. 1955, Vol. 3, No. 3, p. 305.

44　前掲注17、p. 200-201。

第6章　アメリカ図書館協会とアメリカ出版会議の協同

本章では、一九五〇年のALA出版関係委員会とABPC読書発達委員会の設置から、一九五七年のALA・ABPC読書発達合同委員会（ALA/ABPC Joint Committee on Reading Development）の成立までの活動を対象に、図書館界と出版界の協同の実態を明らかにする。

「読書の自由」が採択された一九五三年六月のALA年次大会において、一九五二～五三年度会長ロバート・B・ダウンズは年次報告の中で、ウェストチェスター会議の実施は図書館員と出版者の協同の結果であると述べ、さらに出版界との連携においてALA出版関係委員会が果たした役割の重要性を指摘している。[1] 上記のダウンズの発言にもかかわらず、「読書の自由」の成立における出版関係委員会の活動に言及した文献は、同時代の記述を除いてほとんど存在しない。

このALA出版関係委員会は、一九五〇年に図書館界と出版界の連携の窓口として設置された委員会である。反検閲、読書振興、出版や図書館に関わる法制度の整備や改正などに取り組

年月	事項
1950 年	ALA 出版関係委員会設置
	ABPC 読書発達委員会設置
1950 年 10 月	ALA・ABPC 合同会議開催。以降、年に複数回の頻度で合同会議が開催されている
1953 年 6 月	「読書の自由」声明採択
1957 年 1 月	ALA 出版関係委員会が特別委員会となる
1957 年 6 月	ALA・ABPC 読書発達合同委員会設置

表 6-1　アメリカ図書館協会・アメリカ出版会議合同委員会（1950 年～ 1957 年）

んでいたが、設立の経緯や活動の実態についてはほとんど知られていない。また同時期に、アメリカ出版会議においてもＡＢＰＣ読書発達委員会（ABPC Committee on Reading Development）と呼ばれる委員会が設置されているが、この委員会の活動に言及した文献も極めて少ない。

そのため、ＡＬＡ出版関係委員会、およびＡＢＰＣ読書発達委員会のいずれについても関係者自身による同時代の記述は存在するものの、これらの委員会の活動はもとより、図書館界と出版界における協同の実態や、委員会の活動による成果について取り上げた研究は見られない。

「読書の自由」の成立とこの時期に設置されたアメリカ図書館協会およびアメリカ出版会議の委員会の設置状況を整理すると表６－１のようになる。

本章では、まず一九五〇年に設置されたＡＬＡ

出版関係委員会、およびＡＢＰＣ読書発達委員会の活動に着目する。さらに一九五七年に両組織の間に設置されたＡＬＡ・ＡＢＰＣ読書発達合同委員会についても対象とする。アメリカ図書館協会とアメリカ出版会議の各委員会の設置から、合同委員会設置までの流れを明らかにするとともに、両者が協同に取り組んだ領域の変遷を追うことで、これまで明らかにされてこなかった一九五〇年代のアメリカ図書館協会とアメリカ出版会議の協同における組織体制およびその活動の実態を明らかにする。

1　アメリカ図書館協会出版関係委員会

本節では、ＡＬＡ出版関係委員会とＡＢＰＣ読書発達委員会が設置された一九五〇年から、ＡＬＡ・ＡＢＰＣ読書発達合同委員会へと改称した一九五七年までの八年間を対象に、委員会設置の経緯、委員会メンバー、委員会活動の展開を述べる。

一九三八年から一九四一年までの間にもアメリカ図書館協会には一九五〇年に設置された委員会と同じ「出版関係委員会」(Committee on Relations with Publisher) の名称を持つ委員会が設置されていた。同委員会は図書の販売価格を巡って、州の公正取引法の改正を目的に設置された特別委員会であった。[2]　同委員会は一九四一年に州法改正に伴って図書受入委員会 (Committee on Book Acquisitions）へと吸収される形で活動を終えている。[3] アメリカ図書館協会による出版物や関連文書を所蔵するＡＬＡアーカイブズの目録上では出版関係委員会をひとつの委員会として扱っているが、一九三八年から一九四一年までの活動と一九五〇年以降の活動の方向性は異なることから、本章では一九五〇年以降の活動を対象としている。

ＡＬＡ出版関係委員会は一九五〇年九月に特別委員会として設置された。*ALA Bulletin* 一九五〇年七・八月号[4]に掲載された事務局長コリーの報告には、図書館と出版者との関係について理事会とアメリカ図書館協会のいくつかの委員会が中心に調査を実施しており、出版社およびアメリカ出版会議との協力を推し進めるための組織が設置されると記されている。

さらに、*ALA Bulletin* 一九五〇年一〇月号[5]でコリーが出版関係委員会のメンバーと活動目的について報告を行っている。コリーの報告では、出版関係委員会の役割には、アメリカ出版会議との連絡窓口のほかに、知的自由、国際関係、郵政法案[6]、著作権などの出版社と関係の深い事柄に関する業務があると述べられている。また、*ALA Bulletin* に掲載された委員会名簿[7]では、活動の目的は「（1）アメリカ出版会議との連絡窓口、（2）共通の問題や協同のための手段について議論する、（3）他のアメリカ図書館協会の委員会や会員へ適切な情報提供を行う、（4）評議会や理事会に勧告を行う」こととなっている。

一九五〇年の設置以降、ＡＬＡ出版関係委員会の活動の中心はＡＢＰＣ読書発達委員会との合同会議の開催であった。*ALA Bulletin* には毎号“Memo to Members”と題したＡＬＡ事務局長から会員に向けた活動報告が掲載されており、この中にしばしばアメリカ出版会議との合同会議の報告が掲載されている。

出版関係委員会の初代委員長は一九五〇～一九五一年度ALA会長クラレンス・R・グラハム（Clarence R. Graham）で、そのほかに次期会長ロレータ・D・フィアン（Loleta D. Fyan）、アメリカ議会図書館のヴァーナー・W・クラップ、コロンビア大学教授で分類法の権威であるモーリス・F・タウバー（Maurice F. Tauber）、ブルックリン公共図書館（Brooklyn Public Library）館長で図書受入委員会委員長のフランシス・R・セント・ジョンを含む六名が委員であった。[8]

初代委員長グラハムは当時のALA会長であり、グラハム以降もALA会長が就任の前年度から委員として参加し、次年度に委員長を務める形式が維持されている。[9] 一九五二～五三年度委員長のダウンズ、[10] 一九五三～五四年度委員長フローラ・B・ラディントン、一九五四～五五年度委員長であり第一一代議会図書館長のL・クインシー・マンフォード（L. Quincy Mumford）[11]の三名は会長を退いた翌年度も委員として参加している。また、一九五四年度から事務局長クリフトとクリフトのアシスタントとしてアーサー・T・ハムリン（Arthur T. Hamlin）が事務局スタッフとして参加している。[12]

2　アメリカ出版会議読書発達委員会

ＡＢＰＣ読書発達委員会は一九五〇年に農村地域での新たな出版市場開拓を目的に設置された。[13] ＡＢＰＣ常務役員レーシーによると“Reading Development”とは「アメリカにおける図書の利用可能性を広げ、より豊かな図書の利用を実現するための取り組み」を指すという。[14] 初代委員長はハーパー社のキャス・キャンフィールドで、その後ヴァイキング社のハロルド・Ｋ・ギンズバーグが委員長を務めた。[15]

読書発達委員会は出版市場の開拓において図書館員との連携は最優先であるとして、ＡＬＡ出版関係委員会との合同会議を両者における重要な情報共有の場として位置づけていた。[16] アメリカ出版会議との合同会議で取り上げられる話題は多岐にわたったが、特に一九五六年に制定された図書館サービス法（Library Service Act）を中心とした図書館政策は重要な議題であった。[17] アメリカには連邦政府レベルでの図書館設置法は存在しないが、代わりに図書館に対する補助金の交付を定めた時限立法が制定され、これを延長させる形でナショナル・レベルでの図書館政策が行われてきた。[18] このアメリカ最初の図書館法が図書館サービス法であり、アメリカ図書館協会は一九四〇年代後半から法制定に向けたロビイング活動を行ってきた。図書館サービス法は農村地域における図書館サービスの充実を目的としていたため、読書発達委員会の活動目的とも方針が一致していた。

読書発達委員会による全米規模の取り組みの一例として、一九五一年に連邦農務省による補助金を得て開催された読書振興に関する会議（ニューヨーク会議）[19]が挙げられる。この会議にはシカゴ大学のバーナード・ベレルソン、イェール大学のハロルド・D・ラスウェル、コロンビア大学のロバート・リー（Robert Leigh）、コロンビア大学のレスター・アシャイム（Lester Asheim）などの著名な社会科学者と、アメリカ出版会議に加盟する出版社の代表らが参加し、社会過程における図書の役割をテーマに議論した。この会議の成果は一九五三年に図書 *The Wonderful World of Books*[20]の刊行へとつながり、図書館サービス法成立を巡る世論を後押しするなど大きな成功を収めた。ニューヨーク会議の出席者のうち、ベレルソン、ラスウェル、グロセット&ダンラップ社のオコーナー、ヴァイキング社のギンズバーグ、アメリカ出版会議のウォーラーとフレースの六名は、ウェストチェスター会議にも参加している。

また、全米図書館週間（National Library Week）を主催する全米図書委員会は、一九五四年にアメリカ図書館協会とアメリカ出版会議により設立された非営利組織であった[21]が、アメリカ出版会議側では主に読書発達委員会が準備段階から深く関わっていた[22]。

3　合同会議の開催

ＡＬＡ出版関係委員会とＡＢＰＣ読書発達委員会の活動に言及している数少ない文献の一つが、ＡＬＡ機関誌の *ALA Bulletin* である。一九五一年から一九七二年までＡＬＡ事務局長を務めたクリフトは、事務局の活動報告欄である“Memo to Members”の中で定期的にＡＬＡ出版関係委員会とＡＢＰＣ読書発達委員会による合同会議の内容を報告している。

また、ＡＬＡアーカイブズ所蔵の出版関係委員会関連文書の中から、合同会議の議事録の一部が見つかった。本節では“Memo to Members”の記述と、合同会議の議事録の内容を照らし合わせながら、会議の日程、出席者、および主要な議題を概観する。

ＡＬＡ出版関係委員会とＡＢＰＣ読書発達委員会の合同会議について記載された文献の中で、最も古い時期のものに、一九五〇年一〇月三〇日付の議事録[23]がある。これはタイプ打ち三ページの文書で、パラグラフごとに段落分けはされているものの、議題ごとのナンバリングなどは行われていない。議事録の執筆者はＡＬＡのコリーとＡＢＰＣのウォーラーである。

議事録によると、ニューヨークのタウン・ホール・クラブ（Town Hall Club）を会場として、一五名が会議に出席している。出席者の内訳は、ＡＬＡ側からは、出版関係委員会委員長グラハム、フィアン、セント・ジョン、タウバー、ジョン・Ｂ・カイザー（John B. Kaiser）、クラップ、コリーの七名が出席している[24]。ＡＢＰＣ側からは読書発達委員会委員長のキャンフィールド、ジョン・オコーナー、ギンズバーグ、ロバート・クロウェル（Robert Crowell）、デイタス・スミス・ジュニア（Datus Smith, Jr.）、ウォーラーの六名に加えて、ゲストとしてドナルド・キャメロンとランダル・ウィリアムス（Randall Williams）の二名が出席している。[25]

この日の主な議題は郵政法、知的自由、国際関係、農村部における読書振興であった。いずれもアメリカ図書館協会およびアメリカ出版会議の各委員会による活動の状況を共有するもので、大きな決定などは行われていないが、各議題に対する図書館界・出版界双方の基本的な立場の確認が行われている。例えば、知的自由および検閲についてはＡＬＡ知的自由委員会とＡＢＰＣ反検閲委員会が中心となって取り組むこと、共産主義に対する過剰な政治的検閲と性表現をめぐる道徳的検閲の両方の拡大を喫緊の課題と捉え、解決に取り組む方針が表明されている。

これ以降、*ALA Bulletin* 上では一九五一年から一九五二年にかけても年に数回の頻度でニューヨークや議会図書館を会場として、ＡＬＡ出版関係委員会とＡＢＰＣ読書発達委員会による合同会議が開催されていることが確認できる。会議では両委員会のメンバーに加えて、各回の議題に応じたゲストが参加し報告を行う形式がとられていた。[26]

ALA Bulletin 一九五二年一月号には、ＡＬＡ事務局長クリフトによる一九五一年一二月一四日ニューヨークでの合同会議の開催報告が掲載されている。主な議題は農村部における読書振興に関する会議の開催、検閲、図書館関連立法などで、非常に活発な議論が交わされたため、

会議は予定されていた終了時間を大幅に超過したと述べられている。

さらに、*ALA Bulletin* 一九五二年三月号[27]には一九五二年三月二八日に議会図書館にて合同会議の開催が予定されていると報告されている。*ALA Bulletin* 一九五二年四月号[28]ではこの三月二八日の会議の開催報告が掲載されており、午前一〇時から昼食を挟んで午後三時半まで図書館関連立法や一九五二年のＡＬＡ年次大会、農村部における読書振興、書店との協力について議論が交わされたと報告されている。ＡＬＡ側の出席者はＡＬＡ会長でＡＬＡ出版関係委員会委員長のフィアン、ＡＬＡワシントン事務局長のジュリア・ベネット・アーミステッド（Julia Bennett Armistead）、カイザー、セント・ジョン、タウバー、議会図書館のクラップそしてＡＬＡ事務局長クリフトの七名であった。ジュリア・ベネットは一九五二年から一九五六年までＡＬＡワシントン事務局長を務め、図書館サービス法の成立に貢献した人物として知られる。

一九五二年六月二七日付のニューヨークでの合同会議[29]にはＡＬＡ側からはフィアン、ベネット、コリー、ダウンズ、ハムリン、クリフトが、ＡＢＰＣ側からはギンズバーグ、ウェイブライト、ウォーラーほか六名が出席している。この日は、合同会議の目的や著作権法、児童書出版社と図書館の関係など九つの議題が設定されていた。この日最初の議題は合同会議の目的についてで、ＡＢＰＣのギンズバーグは、こうした合同会議は「具体的な活動の場ではなく、議論と情報共有の場である」であると述べている。出版関係委員会においてはＡＬＡ会長が委員長を務める体制がとられていたことからも、図書館界と出版界での情報共有による合意形成が

	1953年4月20日	
	ALA	ABPC
委員	Robert B. Downs	John O'Connor
	Julia Bennett	Stanley Rinehart
	John M. Cory	Victor Weybright
	David H. Clift	Dan Lacy
	William S. Dix	Theodore Waller
	Elizabeth Johnson	
	John B. Kaiser	
	Flora B. Ludington	
	John Ottemiller	
	Maurice Tauber	
スタッフ		Charles G. Bolté
ゲスト		Elizabeth Riley（Children's Book Council）
		E. J. McCabe, Jr.（ATPI）

表6-2　1953年4月20日合同会議の出席者

目的とされていたことが窺える。合同会議における情報共有を踏まえて、ALAとABPCが各々の委員会で実働に向けた具体的方策を検討する体制がとられていたと考えられる。この時期のALA出版関係委員会とABPC読書発達委員会による合同会議は、両組織の代表者間の情報共有と合意形成を目的とするものであったといえる。

以下では、ALAアーカイブズ所蔵の一九五三年合同会議の議事録を参照しながら、会議の出席者を確認するとともに、特に知的自由に関する議題を中心に会議の内容を検討する。

まず、ALAアーカイブズ所蔵の一九五三年四月二〇日付の議事録から、ALA出版関係委員会とABPC読書発達委員会による合同会議での議論の内容を検討する。この日の議事録(30)はタイプ打ち六ページの文書で、議題ごとに番号が振られている。議事録の執筆者はＡＢＰＣのボルテである。

一九五三年四月二〇日の合同会議出席者を示したのが表6－2である。

この日、ニューヨークのビルトモア・ホテル（Biltmore Hotel）で開催された合同会議では、ＡＬＡ側からは一〇名、ＡＢＰＣ側からはゲストを含めて八名が出席した。ＡＢＰＣ側のゲストは児童図書評議会からエリザベス・ライリー（Elizabeth Riley）が、アメリカ教科書出版協会（American Textbook Publishers Institute：ATPI）のマッケイブ・ジュニア（E. J. McCabe, Jr.）の二名である。なお、ＡＢＰＣ読書発達委員会委員長のギンズバーグの欠席により、ＡＬＡ会長のダウンズが司会を務めたと記載されている。

議事録によると、この日は一六の議題について議論が行われた。最初の議題はＡＬＡとＡＢＰＣによる合同展示についてで、ＡＬＡ事務局長のクリフトから報告が行われている。さらに、ペーパーバック出版社であるニュー・アメリカン・ライブラリー社のヴィクター・ウェイブライトが *The Wonderful World of Books* の売り上げの好調ぶりを報告した後、話題は知的自由へと移っている。知的自由に関する話題として、まずＡＬＡ知的自由委員会委員長ディックスから五月に開催予定のウェストチェスター会議に関する報告が行われている。ディックスからは、知的自由委員会が同会議を主催すること、会議自体は非公開であることや、出席者や会議の目的について報告が行われている。また、ＡＬＡとＡＢＰＣの代表として、ウェストチェスター会議実行委員会がワーキングペーパーの草稿の作成に当たっていると述べられている。ディックスに加えて、ＡＢＰＣのチャールズ・Ｇ・ボルテからは、図書館員および出版関係者以外の招待者の出席状況について報告が行われている。ボルテはウェストチェスター会議への出席依頼が急なものであることと、「時節柄」(the time of year)、招待者から出席の回答が得られにくい状況にあると説明している。

この一九五三年四月の議事録からは、出版関係委員会と読書発達委員会の合同会議においてウェストチェスター会議開催に向けた準備について進捗報告が行われていたことが確認できる。会議開催にあたっては、図書館員や出版関係者だけではなく、法律家や大学の学長など様々な分野の識者が招待されていたが、不参加となった人物も多かった。[31] 一九五三年は共産主義の脅威を背景に共和党上院議員ジョセフ・Ｒ・マッカーシーによるいわゆる「マッカーシズム」が激しさを増していた。「読書の自由」声明は「マッカーシズム」による言論弾圧の動きに対する抵抗を意図していたが、声明起草以前の段階でもその影響からは逃れがたい状況にあった。

ウェストチェスター会議では事前にワーキングペーパーが用意されており、会議はワーキングペーパーの流れに沿って進められた。ディックスの報告から、会議の実施にあたっては実行委員会が設置されていたこと、またワーキングペーパーの作成についてもＡＬＡとＡＢＰＣの合同で行われていたことが明らかになった。

このように、ウェストチェスター会議の開催についても、計画段階からＡＬＡ・ＡＢＰＣの双方のメンバーが一同に会する合同会議の場において、綿密な情報共有が行われていた。この日の合同会議の出席者のうち、ＡＬＡからはダウンズ、コリー、ディックス、クリフト、ラディントンが、ＡＢＰＣからはオコーナー、ウェイブライト、レーシー、ウォーラー、ボルテに加えてＡＢＰＣ読書発達委員会委員長ギンズバーグがウェストチェスター会議に出席している。なかでもＡＢＰＣ常務役員のレーシーと知的自由委員会委員長ディックスは、「読書の自由」成立において中心的な役割を果たした人物である。ディックスは一九六九〜七〇年度にはＡＬＡ会長も務めた。[32] レーシーは一九五三年三月に退職するまで議会図書館で副館長補佐（Deputy Chief Assistant Librarian）として、クラップのもとで活躍しており、「読書の自由」成立において は図書館界と出版界双方の立場を熟知した人物として指導的役割を果たした。[33]

ＡＬＡ会長ダウンズは年次報告の中で同会議の開催におけるＡＬＡ出版関係委員会の貢献について言及している。[34] ダウンズのこの発言は、議事録の内容を裏付けるものであると考えられる。

以下ではＡＬＡアーカイブズ所蔵の一九五三年一一月一一日付の議事録から、ＡＬＡ出版関係委員会とＡＢＰＣ読書発達委員会による合同会議での議論の内容を検討する。この日の議事録[35]はタイプ打ち五ページの文書で、議題ごとに番号が振られている。議事録の執筆者はＡＢＰＣのマーガレット・Ｗ・ダドリー（Margaret W. Dudley）である。ダドリーは後に全米図書委員会の委員になっている。

	1953年11月11日	
	ALA	ABPC
委員	Flora B. Ludington	Theodore Waller
	Verner Clapp	Harold Guinzburg
	John M. Cory	John O'Connor
	Morris Gelfand	Eugene Reynal
	Elizabeth Johnson	
	Quincy Mumford	
	Ray Trautman	
スタッフ	Julia Bennett	Dan Lacy
	David H. Clift	Charles G. Bolté
		Margaret W. Dudley
ゲスト	Douglas W. Bryant (International Relations Board)	E. J. McCabe, Jr. (ATPI)

表6-3　1953年11月11日合同会議の出席者

一九五三年一一月一一日の合同会議出席者を示したのが表6－3である。

この日の会場はニューヨークのサヴォイ・プラザ・ホテル（Savoy Plaza Hotel）で、ALAからはゲストとして出席した国際関係委員会のダグラス・W・ブライアント（Douglas W. Bryant）を含めた一〇名が出席している。ABPCからは四月の合同会議でもゲストとして出席したアメリカ教科書出版協会のマッケイブ・ジュニアを含めた八名が出席した。

議事録によると、この日は全米図書委員会、図書館サービス法、知的自由など一五の議題について議論が行われている。最初の議題は全米図書委員会の設立計画についてで、ALAのラディントンとABPCのウォーラーから全米図書委員会設置の目的とメンバーの選定について報告が行われている。

全米図書委員会は一九五四年にＡＬＡとＡＢＰＣが設立した非営利組織で、一九五八年以降、全米図書館週間の主催団体として大きな役割を果たした。(36) この全米図書委員会の設置についても、合同会議の場で情報共有が行われていたことが確認できる。

その次の議題は知的自由についてで、「読書の自由」声明に関する報告、ＡＢＰＣによる検閲対策プログラム、読書と人間の行動に関する調査プロジェクト、「読書の自由」における新聞業界の貢献などが論点となっていた。

このうち「読書の自由」声明については、ＡＬＡ事務局長クリフト、ＡＢＰＣ常務役員レーシーから「読書の自由」声明の採択状況と社会的影響について報告が行われている。長老派教会（Presbyterian Church）や産業別労働組合会議（Congress of Industrial Organizations：CIO）などからも声明の送付依頼があったこと、またアメリカ教育出版会議など複数の団体が声明の承認団体に加わったことが伝えられている。さらに、ＡＬＡの機関誌 *ALA Bulletin* の一九五三年一一月号が知的自由特集号であり、「読書の自由」声明やほかの知的自由に関連する文書が再録されること、ＡＬＡ知的自由委員会のビクスラーやディックス、ＡＢＰＣのウォーラーらが編集に協力したことについても報告されている。またウォーラーは、これらの報告を受けて、ウェストチェスター会議や「読書の自由」声明のような活動は、今後、全米図書委員会が大きく関与できる領域であると発言している。

議事録の記述から、ウェストチェスター会議を終え、ALA・ABPCの双方が「読書の自由」声明を採択した後も、合同会議の場でその後の状況について報告が行われていることが確認できる。さらに、知的自由に関する論点の一つとして挙げられた「読書と人間の行動に関する調査プロジェクト」は、ウェストチェスター会議において提案されたものであり[37]、ウェストチェスター会議以降も図書館員と出版関係者が一同に会する合同会議の場で継続的に調査研究の計画が練られていたことが明らかになった。

このように、ABPC読書発達委員会との合同会議においては知的自由と反検閲に向けた取り組みや、郵政法改正や図書館サービス法成立に向けたロビイングが主要な議題として挙がっている。また、一九五三年の合同会議では知的自由に関する議題の中でも、ウェストチェスター会議の実施や「読書の自由」声明成立について知的自由委員会のディックスやABPCのレーシーから報告が行われている。さらにALA、ABPCの両者において図書館サービス法の成立は出版関係委員会と読書発達委員会による連携体制によるものであると認識されていた[38]。出版界と図書館界の双方がこうした状況に置かれていたことが、合同会議の開催や合同委員会の設置に結びつき、図書館界と出版界の連携体制の強化につながったと考えられる。

	1957 年	
	ALA	ABPC
委員長	Lucile M. Morsch	Hiram Haydn
委員	Edward G. Freehafer	Joseph Barnes
	Milton E. Lord	Simon Michael
	Harry N. Peterson	Oscar Dystel
	Francis R. St. John	John McCallum
	Ralph R. Shaw	Ken McCormick
	Frederick H. Wagman	Frederic C. Melcher
		Ralph R. Shaw
		Theodore Waller
スタッフ	David Clift	

表 6-4　1957 年 ALA・ABPC 読書発達合同委員会委員一覧

4　アメリカ図書館協会・アメリカ出版会議読書発達合同委員会

一九五四年以降もＡＬＡ出版関係委員会とＡＢＰＣ読書発達委員会による合同会議は続けられたが、一九五六年に入るとＡＬＡの組織改編が行われ、年度途中の一九五七年一月に出版関係委員会は特別委員会となっている。(39)さらに一九五七年六月にカンザスで開催されたＡＬＡ年次大会において、ＡＬＡ出版関係委員会とＡＢＰＣ読書発達委員会の合併が決定し、ＡＬＡ・ＡＢＰＣ読書発達合同委員会が設置された。

ＡＬＡ・ＡＢＰＣ読書発達合同委員会は一年任期の特別委員会である。委員会の活動目的は「読書を広め、図書や図書館の立場を向上させ、図書の流通と利用を拡大するための図書館員と出版者の協同の取り組みのための方針を計画す

る」ことであった。(40)

一九五七年合併後のALA・ABPC読書発達合同委員会初代委員を示したのが表6－4である。(41)

ALA・ABPC読書発達合同委員会は、一九七〇年のアメリカ出版会議とアメリカ教育出版協会の合併による組織改編を経て、一九七五年まで同様の体制で活動を継続した。

5　合同委員会の組織変遷

一九五〇年代に育まれた、ALAとABPCによる組織的な協同は多数の成果を生んだ。全米図書館週間などの読書振興をめぐる取り組みは、現在は出版界による支援の手から離れたものも多いが、知的自由をめぐる活動は現在に至るまで図書館界と出版界が共通の立場をとる領域である。

とりわけ「読書の自由」は一九五三年の成立以降、図書館界と出版界による反検閲の動きを象徴する表現として機能している。一九六九年には知的自由の問題に取り組むことで職を失った図書館員に対する経済的支援や裁判のサポートを行うことを目的に「読書の自由財団」が設立されている。また、一九七〇年にアメリカ出版会議はアメリカ教育出版協会と合併しアメリカ出版協会となったが、合併後もアメリカ出版協会の「読書の自由委員会」がアメリカ図書館協会とともに「読書の自由」声明の改訂を行っている。

一九七一年にはALA・ABPC読書発達合同委員会が全米図書委員会との共同で、一九五一年から一九七一年の二〇年間にわたる読書振興プロジェクトの歴史をまとめた報告書[42]を作成している。同報告書ではALAとABPCによる「読書の自由」声明の共同採択が、その後のALAとABPCによる公のさまざまな情報プログラム（public information programs）の礎となったと述べられている。

アメリカ出版会議との合同委員会は、その後、一九七六年に設置されたALA・AAP合同委員会へと発展するが、このALA・AAP合同委員会は二〇一二年夏に活動を終えている[43]。二〇一一年のALA冬期大会にあたって作成された資料[44]では、ALA・AAP合同委員会の活動停止勧告について以下のような背景説明が行われている。この報告によると、合同委員会が予算を獲得していないこと、任期つきの役職であるALA会長と、フルタイムで有給のアメリカ出版協会会長では組織体制が大きく異なること、また個人加入のアメリカ図書館協会に対してアメリカ出版協会は出版社などの組織が加盟する団体であることなどが、問題点として指摘されている[45]。

さらに、同報告ではアメリカ図書館協会とアメリカ出版協会は知的自由や読書の自由、リテラシーについては共通の立場をとってきたが、著作権については異なる立場をとってきた、という二組織の立場の違いについても言及されている。[46]また合同委員会は一九七五年にアメリカ図書館協会とアメリカ出版協会の二つの組織の間において「ALAの特定の部局が担当していない事項について議論するための公式の連絡経路」として設置されたこと、一方で現在ではこの「ALAの特定の部局が担当していない事項」が見られず、知的自由や図書賞、著作権など個々の専門委員会での議論が相応しいと結論づけられている。[47]

本章では一九五〇年に設置されたALA出版関係委員会とABPC読書発達委員会の活動、さらに一九五七年に設置されたALA・ABPC読書発達合同委員会の活動に焦点を当て、これまで明らかにされてこなかった、一九五〇年代のアメリカ図書館協会とアメリカ出版会議による協同の実態を明らかにした。

一九五〇年代のALA出版関係委員会の活動は、図書館界と出版界の連携を強く意識するものだった。アメリカ図書館協会とアメリカ出版会議による合同会議の開催や、その後の合同委員会の設置など、図書館界と出版界による協同関係の構築が模索された要因には、この時期に両者の間に共通する課題が複数存在したことが挙げられる。第一に、図書館界においては冷戦を背景とした社会的不寛容が高まる中で、一九四〇年代後半から国内外の図書館に対する検閲運動の増加が問題視されていた。特に、一九五〇年に入ると共和党上院議員ジョセフ・マッカーシーによる反共運動であるいわゆる「マッカーシズム」の台頭を受けて、図書館の共産主義関連資料に対する攻撃が激化していった。

このような社会的背景の中で、出版界においては一九五二年のギャシングス委員会による報告書に代表されるペーパーバック規制に対する危機感が存在していた。当時、一部のペーパーバック出版社は作品の主題にかかわらず、特定の場面を抜き出して扇情的な表紙をつける販売戦略をとっていた。さらにこれらのペーパーバックは安価であり、雑誌や新聞とともにニューススタンドやドラッグストアを中心に流通していたため、街角で不特定多数の目に触れる機会が多く、青少年への悪影響を懸念する市民団体や警察による規制運動が全米規模で広がっていた。共産主義関連資料に対する政治的検閲と、ペーパーバックに対する道徳的検閲が相互に絡まりあう中で、こうした動きに抵抗する際の図書館界と出版界共通のスローガンとして、「読書の自由」声明が採択された。

一方で、読書振興の面でも図書館界と出版界に共通の活動目標が存在した。図書館界にとって図書館サービス法の成立は長年の課題であった。アメリカ図書館協会は一九四五年のワシントン事務局を設置し、連邦議会との関係構築を進める中で、農村部における図書館振興に対する補助金政策を求めてきた。合同会議の議事録からは、ALAワシントン事務局で図書館サービス法案を担当していたベネットが、たびたび合同会議に出席していることが確認できる。

出版界においてはこの時期、アメリカ出版会議が農村地域を中心とした出版流通の拡大を目指す取り組みを行っていた。読書発達委員会の設置目的は農村地域における出版市場の開拓であり、一九五一年に連邦農務省による補助金を得て読書振興に関する会議が開催されている。

この動きは一九五三年以降、特に広がりをみせ、一九五四年の全米図書委員会設置へとつながっていった。

ALA出版関係委員会とABPC読書発達委員会の合同会議は、特に赤狩りの激化した一九五三年には知的自由を中心的な論点としていたが、赤狩りを主導していたジョセフ・マッカーシーの死後、次第に読書振興へと主眼を移している。図書館界全体においても、一九五六年以降は検閲に関する雑誌記事が激減している。[48] 一九五七年にはALA出版関係委員会はABPC読書発達委員会と合併し、ALA・ABPC読書発達合同委員会へと名前を変え、名実ともに出版界との連携に基づく活動を行っている。

アメリカ図書館協会とアメリカ出版会議による連携は「読書の自由」に代表される知的自由の領域に対して、重要な役割を果たした。さらに、この時期に形成された両者の連携体制は読書振興の領域において今日に至るまで成果を生み続けている。「読書の自由」声明の採択によって出版界と図書館界の間で合意形成が行われ、明文化されたことが、その後、両者の読書振興の活動を促進させることにつながった。

注

1 Downs, Robert. "The ALA Today-A 1953 stocktaking Report: To the Council, June1953, Los Angeles," *ALA Bulletin.* Vol. 47, No. 9, 1953, p. 397-399.

2 "Board and Committee Reports," *ALA Bulletin.* Vol. 34, No. 9, 1940, p. 597.

3 "Board and Committee Reports," *ALA Bulletin,* Vol. 35, No. 10, 1941, p. 644.

4 Cory, John Mackenzie. "Memo to Members," *ALA Bulletin.* Vol. 44, No. 7, 1950, p. 268-269.

5 Cory, John Mackenzie. "Memo to Members," *ALA Bulletin.* Vol. 44, No. 9, 1950, p. 334-335.

6 アメリカにおいては書店や図書館の少ない農村部と都市部の情報格差を埋めるため、図書館や出版社が資料を郵送する場合は通常より安価な郵送料が適応されてきた。出版物の郵送料金をめぐる歴史については以下に詳しい。Lawson, Linda, and Richard B. Kielbowicz. "Library Materials in the Mail: A Policy History," *The Library Quarterly.* Vol.58, No.1,1988, p. 29-51.

7 "ALA Organization and Information 1951-52," *ALA Bulletin,* Vol. 45, No. 11, 1951, p. 389.

8 前掲注5

9 "ALA Organization and Information, 1952-53," *ALA Bulletin,* Vol. 47, No. 11, 1953, p. 547.

10 "ALA Organization and Information, 1953-54," *ALA Bulletin,* Vol. 48, No. 11, 1954, p. 623.

11 "ALA Organization and Information, 1954-55," *ALA Bulletin,* Vol. 49, No. 11, 1955, p. 631.

12 同上

13 Waller, Theodore. "Expanding the Book Audience," *Books and the Mass Market*. Harold K. Guinzburg, Robert W. Frase, and Theodore Waller. University of Illinois Press, 1953, p. 43-66.

14 Lacy, Dan and Robert W. Frase "The American Book Publishers Council," *The Enduring Book: Print Culture in Postwar America*. David Paul Nord et al. ed., Chapel Hill, Published in association with the American Antiquarian Society by the University of North Carolina Press, 2009, p. 203.（*A History of the Book in America*, Volume 5）.

15 前掲注13

16 同上

17 同上

18 中山愛理「アメリカ図書館法制度と図書館関係立法」『情報の科学と技術』、Vol.59、No.12、2009、p. 573-578。

19 Asheim, Lester. "Report on the Conference on Reading Development," *Public Opinion Quarterly*, Vol. 15, No. 2, 1951, p. 305-321.

20 Preer, Jean "The Wonderful World of Books: Librarians, Publishers, and Rural Readers," *Libraries & Culture*. Vol. 32, No. 4, 1997, p. 403-426.

21 "National Library Week History," American Library Association, 2015. http://www.ala.org/aboutala/1958/national-library-week-history,（accessed 2018-12-29）.

22 Preer, Jean "“Wake Up and Read!” Book Promotion and National Library Week, 1958," *Libraries & the Cultural Record*. Vol. 45, No. 1, 2010, p. 92-132.

23 Cory, John Mackenzie and Waller Theodore. "Minutes of 30 October-1950 Joint Meeting,"ALA Archives, RS18/1/26, Box2, Folder: Committees – Relations with Publishers – Reports, 1939-41,1952-53.

24 同上

25 同上

26 Clift, David H. "Memo to Members," *ALA Bulletin*. Vol. 46, No. 1, 1952, p. 4-5.

27 Clift, David H. "Memo to Members," *ALA Bulletin*. Vol. 46, No. 3, 1952, p. 68-69.

28 Clift, David H. "Memo to Members," *ALA Bulletin*. Vol. 46, No. 4, 1952, p. 102-103.

29 Waller, Theodore "Minute of Joint Meeting, ALA Committee on Relations with Publishers and ABPC Committee on Reading Development, Waldorf Astoria, New York, June 27, 1952," ALA Archives, RS90/22/1, Box1, Folder: Minutes of Meetings, 1951-1952.

30 Bolté, Charles G. "Minutes of Joint Meeting: ALA Committee on Relations with Publishers and ABPC Committee on reading Development, Biltmore Hotel, New York, April 20, 1953," ALA Archives, RS18/1/26, Box2, Folder: Committees – Relations with Publishers – Reports, 1939-41,1952-53.

31 "Westchester Conference—Invited but unable to attend," Library of Congress, The Central File: MacLeish-Evans, Container 871, Library Cooperation 18.

32 "ALA's Past Presidents," American Library Association. http://www.ala.org/aboutala/history/past, (accessed 2019-06-06).

33 Annual Report of the Librarian of Congress: For the Fiscal Year Ending June 30, 1953. Washington, U.S. Government Printing Office, 1953, p. v.

34 前掲注1

35 Dudley, Margaret W. "Minutes of Joint Meeting of ALA Committee on Relations with Publishers and ABPC Committee on Reading Development, Savoy Plaza Hotel, Rose Suite, Wednesday, November 11, 1953," ALA Archives, RS18/1/26, Box2, Folder: Committees – Relations with Publishers – Reports, 1939-41, 1952-53.

36 前掲注21

37 小南理恵「「読書の自由」の成立過程：１９５３年ウェストチェスター会議を中心に」『図書館文化史研究』No. 35、2018、p. 109-152。

38 前掲注13

39 "ALA Organization and Information," *ALA Bulletin*. Vol.50, No. 11, 1956, p. 720.

40 "ALA Organization and Information," *ALA Bulletin*. Vol.51, No. 11, 1957, p. 877.

41 同上

42 "Twenty Years of Reading Development Projects, by the Committee on Reading Development, in Collaboration with the National Book Committee, Inc.," March 11, 1971, ALA Archives, RS 6/1/6,

Box38, Folder: AAP/ALA Joint Committee on Reading Development, 1971-78.

43 Committee on Organization "American Library Association Committee on Organization Report to Council, Midwinter Meeting 2011," 2011-01-09, 2011 CD#27-27.1 - Committee on Organization（COO）Report, http://hdl.handle.net/11213/5148,（accessed 2019-06-06）. および "Committee on Organization Action Request: ALA-AAP Joint Committee"（付録）による。

44 同上

45 前掲注43、"Committee on Organization Action Request: ALA-AAP Joint Committee", p. 2.

46 前掲注43、"Committee on Organization Action Request: ALA-AAP Joint Committee", p. 1.

47 前掲注43、"Committee on Organization Action Request: ALA-AAP Joint Committee", p. 3.

48 Harris, Michael "Portrait in Paradox: Commitment and Ambivalence in American Librarianship, 1876-1976," *Libri*, Vol. 26, 1976, p. 284.

第7章　結論

1　図書館界と出版界の協同による「読書の自由」の成立と展開

本書の目的は、「読書の自由」の成立と展開におけるアメリカ図書館界とアメリカ出版界の協同の実態を明らかにすることであった。アメリカ図書館界における知的自由関連文書のうち「図書館の権利宣言」に関する研究は行われてきたが、「読書の自由」声明に焦点を当てた研究はわずかである。また、「読書の自由」声明の成立における出版界側の動きを射程に入れた研究は見られない。本書では一九五三年の「読書の自由」声明の成立と声明成立後の展開において、図書館界と出版界が果たした役割を解明することを目指した。

第7章では本論の総括と考察を行う。まず、第2章から第6章で明らかになった内容を述べ、最後に今後の展望を示す。第2章から第6章では、「読書の自由」の成立と展開におけるアメリカ図書館界とアメリカ出版界の協同の実態を明らかにするため、声明の成立と声明成立後の展開において、図書館界と出版界が果たした役割を考察した。

第2章では本書の対象である「読書の自由」声明について、「読書の自由」声明の成立に関わる団体の活動を概観するとともに、一九五三年採択時の「読書の自由」声明の内容と一九七二年以降の声明改訂の経緯を明らかにした。さらに、一九五三年ウェストチェスター会議の開催以前から、図書館界と出版界の連携の必要性が認識されていたことが明らかになった。特にアメリカ出版会議は設立時から図書館界との関係を重視しており、こうした出版界側の認識は、「読書の自由」声明の成立や、その後の図書館界と出版界の協同を後押しするものであった。

また、「読書の自由」声明は一九七二年に初めて改訂されているが、この改訂作業を担当したのは知的自由部とアメリカ出版協会であった。「読書の自由」声明はその後も一九九一年、二〇〇〇年、二〇〇四年と改訂を重ねており、アメリカ出版協会との共同採択である点は一貫している。アメリカ図書館協会の知的自由に関する中核文書のうち、現在も図書館外の団体から公式に採択・承認されている文書は「読書の自由」声明のみである。「読書の自由」声明は、アメリカ図書館界における知的自由の理念を形作るという基本的役割に加えて、出版者という図書館以外の関係者との協同を前提としている点で、独自の役割を有していた。

第3章では「読書の自由」成立の起点となった、一九五三年ウェストチェスター会議に着目して「読書の自由」声明の成立過程を明らかにした。さらに、一次史料の検討を通じて、読書の自由を議論する場として開催されたウェストチェスター会議の出席者を特定した。

「読書の自由」成立のきっかけとなったのは一九五三年ＡＬＡ冬期大会であり、ここで小規模な非公式会議の開催が決定した。その後、アメリカ図書館協会とアメリカ出版会議の共催でウェストチェスター会議が行われた。ウェストチェスター会議での議論を経て、一九五三年ＡＬＡ年次大会で「読書の自由」声明が採択されている。

ウェストチェスター会議の出席者は出版関係者が最も多く、出席者の約半数を占めていた。その次に多いのが図書館関係者で、出版関係者および図書館関係者が全出席者のうち過半数を占めていた。また、アカデミアの要職にある人物や、法律家も招かれていたことから、多様な視点から議論を交わすことが意図されていたと考えられる。

ウェストチェスター会議の開催において、重要な役割を果たしていたのが、アメリカ出版会議のレーシーであった。レーシーは元・議会図書館の司書であり、図書館界と出版界双方の事情に通じていた。ウェストチェスター会議の開催、「読書の自由」声明成立におけるレーシーに対する貢献は注目すべき点である。

第４章では、ウェストチェスター会議のワーキングペーパー、議事録、完成した一九五三年版「読書の自由」声明の三つの文書を中心に声明成立までの流れを解明した。

ウェストチェスター会議は図書館界と出版界の識者および研究者を中心に、知的自由に関わる論点を自由に議論する機会として設定されたものであった。出席者は自由な情報流通を基本理念として掲げる一方で、実際の議論では共産主義に対する批判的論調が頻繁に見られた。しかしながら、最終的に採択された「読書の自由」声明では共産主義に対する批判的論調は抑制されており、知的自由の普遍性を重視した内容へと結実した。

ウェストチェスター会議では、図書館員、出版者、研究者など、自由な読書に強い関心を持つ人々が、多様な観点から読む自由を取り巻く問題について議論を交わした。個々の問題意識には齟齬や対立が見られたものの、表現の自由および多様な表現にアクセスする自由の双方の観点から包括的な議論が行われた結果、読書に関わる人々の共通理念として「読書の自由」声明が具現化されたといえる。

第5章では一九五三年の「読書の自由」採択に対するマスメディアの反応と、ウェストチェスター会議の成果である報告書『読書の自由』を取り上げ、マスメディアとアカデミアにおける「読書の自由」声明の影響を明らかにした。さらに、「読書の自由」声明採択後の展開として、読書の自由財団設立や禁書週間の広がりに着目した。

「読書の自由」声明の採択はリベラルな報道を重視するメディアからは好意的に受け止められた。一方で、保守系のメディアからは、図書館員による一般的な図書選択と海外図書館における共産主義関連資料の排除が同様の行為として見なされ、「読書の自由の擁護者」として自らを位置づける図書館界と出版界の動きは欺瞞であるとの批判を受けた。

ウェストチェスター会議での議論を受けて刊行された、報告書『読書の自由』は検閲に抵抗するだけでなく、人々の読書選好を向上させることが読書の自由の実現につながるという主張を含んでいた。こうした主張は、ウェストチェスター会議での議論および一九五三年版「読書の自由」の内容とも共通するものだった。さらに、ウェストチェスター会議の提案は、図書館員による自己検閲の実態を浮き彫りにしたフィスク調査の実施につながった。ウェストチェスター会議での議論は、検閲の実態を解明することを目指す研究の実施を後押しした。

「読書の自由」声明の採択は当時のアメリカ社会においては一定の評価を受け、アメリカ図書館界における知的自由の理念の発展に大きく寄与した。一九六九年の読書の自由財団の設立によって、図書館員が知的自由の理念を支持し、図書館業務の中で実践することによって不利益を被ることのないよう、財政的支援を行うことが可能となった。また、禁書週間は図書館のみならず、書店や出版者、作家などが参画し、読書の自由の理念を社会に対してアピールする催しとして一九八〇年に始まり、現在も行われている。こうした実践面での取り組みは、「読書の自由」声明の展開として重視すべき点であるといえる。

第6章ではALA出版関係委員会、ABPC読書発達委員会、ALA・ABPC読書発達合同委員会の活動を検討する中で、図書館界と出版界の協同の実態を明らかにした。

一九五〇年代のALA出版関係委員会の活動は、図書館界と出版界の連携を強く意識するものだった。アメリカ図書館協会とアメリカ出版会議による合同会議の開催や、その後の合同委員会の設置など、図書館界と出版界による協同関係の構築が模索された要因には、この時期に両者の間に共通する課題が複数存在したことが挙げられる。特に、図書館界においては冷戦を背景とした社会的不寛容が高まる中で、図書館の共産主義関連資料に対する攻撃が激化していた。時期を同じくして、出版界においては道徳的不寛容の広がりからペーパーバックへの流通規制が顕在化していた。共産主義関連資料に対する政治的検閲と、ペーパーバックに対する道徳的検閲が相互に絡まりあう中で、図書館界と出版界の知的自由に関わる理念的基盤を形成するものとして、「読書の自由」声明が採択されたといえる。

これに加えて、読書振興の面でも図書館界と出版界に共通の活動目標が存在した。図書館界においては図書館サービス法の成立が急務であり、出版界においては農村地域における出版流通の拡大が目指されていた。「読書の自由」声明の採択を通じて出版界と図書館界の間で合意形成が行われ、知的自由および表現の自由に対する両者の共通認識が明文化されたことが、その後、読書振興活動の促進につながった。

本書の目的は「読書の自由」の成立と展開におけるアメリカ図書館界とアメリカ出版界の協同の実態を明らかにすることであった。その結果、次の三点が明らかになった。

（1）ウェストチェスター会議以前から図書館界と出版界の協同体制は存在していた。ウェストチェスター会議を中心とした「読書の自由」声明の成立に向けた図書館界と出版界の取り組みは、両者の協同体制を強化する役割を果たした。「読書の自由」声明は、図書館界と出版界にとって、検閲という共通の脅威に対する抵抗を表明する手段であった。図書館界と出版界の組織的な協同体制が途絶えた現在も、「読書の自由」声明は図書館界と出版界に共通する理念的基盤としての役割を果たしている。

（2）一九四八年版「図書館の権利宣言」は、他団体との協力によって検閲に対抗することを図書館の役割として示していた。これに対し「読書の自由」声明は「読書」という行為を主体に置いており、表現を受け取る側の立場、すなわち読者＝市民に焦点を当てている。図書館員と出版者は「読書の自由」声明において、表現の「受け手」である読者の権利を擁護する立場から、「図書館の権利宣言」が示した知的自由の理念を普遍化したといえる。これにより、「読書の自由」声明は図書館界と出版界に共通の理念的基盤として機能することとなった。

（3）「読書の自由」声明の成立以降、図書館界と出版界の関心は反検閲から読書振興へと変化した。ALA・ABPC読書発達合同委員会は、その後、ALA・AAP合同委員会へと引き継がれたが、二〇一二年に活動を終えており、現在は両組織の合同委員会は存在しない。しかし、「読書の自由」声明を理念的基盤として、禁書週間の実施や読書の自由財団の活動が行われるなど、知的自由および表現の自由の領域においては、出版界との協同は継続している。

こうした図書館界と出版界の協同体制は、ウェストチェスター会議や、その理念的成果物である「読書の自由」声明を出発点として築き上げられたものであった。

2　課題と展望

本書では、「読書の自由」を通じた出版界と図書館界の協同の実態を解明した。以下では本書の内容を踏まえ、今後の課題と展望を示す。

第2章1節では、「読書の自由」声明の成立に関わる団体を取り上げて、各団体の歴史や組織体制を概観した。「読書の自由」の採択団体のうちアメリカ図書館協会および知的自由委員会については、歴史や組織、活動について様々な形で研究が行われており、本書の記述もこうした研究成果に依拠している。しかし、アメリカ出版会議については活動の実態や組織体制、図書館界との関係についての学術的研究は少なく、本書の記述も当事者による論考や一次史料に基づく箇所が多い。アメリカ出版会議設立以前にも、出版社による業界団体は存在していることから、アメリカ図書館協会と商業出版社を中心とする業界団体の関係については、通史的な研究が必要といえる。

また、本書はアメリカ図書館協会とアメリカ出版会議に焦点を当てているが、図書館界と出版界の関係性については、他の枠組みで捉えることも可能である。例えば、学術出版社と大学図書館の関係や、児童書出版社と公共図書館の児童サービス部門や学校図書館との関係は、商業出版社による団体であるアメリカ出版会議とは異なる関係性を持つと考えられる。

さらに第2章2節では、「読書の自由」声明の内容とこれまでの改訂の経緯を整理し、第4章ではウェストチェスター会議のワーキングペーパーから「読書の自由」声明起草に至るまでの流れを明らかにしている。本書では、読書の自由をめぐる論点がどのように整理されていったかに焦点を当てているが、「読書の自由」の概念および「読書の自由」声明が包括する「自由」の概念については、さらに掘り下げた分析が求められる。

第5章では報告書『読書の自由』を取り上げ、「読書の自由」声明のアカデミアへの影響を探った。報告書の執筆者であるマッキーオン、マートン、ゲルホーンはいずれも哲学、社会学、法学の領域で学術的に顕著な功績を遺しており、学会の重鎮といえる人物である。彼らの研究活動が知的自由の展開にどのような影響をもたらしたのかについては、さらなる検討が必要である。

第6章では、ALA出版関係委員会、ABPC読書発達委員会、ALA・ABPC読書発達合同委員会を対象に、図書館界と出版界の協同の実態を明らかにした。アメリカ図書館協会とアメリカ出版会議による合同委員会は、二〇一二年まで形を変えながら活動を行っている。赤狩りの時代が過ぎ去った一九六〇年代以降、公民権運動やベトナム戦争を経てアメリカ社会が大きく揺れ動く中で、合同委員会の組織体制や活動がどのように変化していったのかについても、学術的な視座に立った研究が求められる。

これらの個別の研究課題は、「読書の自由」に関わる組織や個人に焦点を当てた研究、読書の自由および知的自由の概念に関する理念的研究、図書館界と出版界の協同に焦点を当てた研究の三つに大別できる。本書の枠組みは図書館情報学に軸足を置くものだが、出版研究やアメリカ研究の領域での研究成果を多く参照している。本書がこれらの隣接領域においても新たな視座を提供しうることを期待したい。

おわりに

本書は、二〇二〇年三月に筑波大学に提出した博士論文「アメリカ図書館界と出版界の協同：「読書の自由」の成立と展開」を加筆・再構成したものです。本書の刊行に際しては、公益財団法人横浜学術教育振興財団による出版刊行助成を受けました。ここに記して、謝意を表します。

本書の執筆にあたっては、多くの方々からのご指導とお力添えをいただきました。

筑波大学図書館情報メディア系の吉田右子先生には、修士論文の構想段階から博士論文の完成に至るまで、主指導教員として終始細やかなご指導を賜りました。吉田先生がいつでもあたたかく見守り、励ましてくださったおかげで大学院での研究を続けることができました。心より感謝申し上げます。

後藤嘉宏先生、逸村裕先生には、在学中より副指導教員としてご指導いただきました。後藤研、逸村研での議論はいつも刺激的で、自身の研究テーマに向き合う中で、視野を広く持つことの重要性を教えていただきました。博士論文の審査では、綿抜豊昭先生、白井哲哉先生に加えて、慶應義塾大学の松本直樹先生に査読の労をとっていただきました。また、徐有珍氏、和気尚美氏、橋本麿美氏、木下朋美氏、中井ともこ氏には、吉田先生のもとで研究を進める中で、非常に多くの助言と助力をいただきました。

同志社大学図書館司書課程の先生方にも改めて感謝を申し上げたいと思います。特に、同志社大学免許資格課程センターの原田隆史先生、佐藤翔先生、図書館総合研究所の岡部晋典氏からは多くのことを学びました。就職活動がうまくいかず途方に暮れていた四回生のころに、大学院進学という思いもよらない選択肢を示していただいたことが、現在につながっています。

本書は『図書館文化史研究』に掲載された論文二本と日本図書館情報学会での二度の研究発表を中心に構成されています。論文の転載を許可していただいた、日本図書館文化史研究会に感謝申し上げます。また、博士論文の執筆過程では二度の研究助成を受けました。二〇一五年三月には図書館情報学海外研修助成を受けて、アメリカ図書館協会アーカイブズとアメリカ議会図書館での調査を行いました。二〇一六年八月にも、日米協会による米国研究助成プログラムを受けて再びアメリカ図書館協会アーカイブズで史料調査を行うことができました。本書の中で一次史料として参照した文書はいずれも上記の調査の過程で入手したものです。また、パンフレット「読書の自由」の表紙の掲載にあたっては、アメリカ図書館協会アーカイブズ Cara Bertram 氏を通じて許諾を得ました。

春風社の韓智仁氏、下野歩氏には、出版に至るまで多大なるご尽力を賜りました。お二人のお力なしに、本書の刊行にたどり着くことは到底できませんでした。厚く御礼申し上げます。

このほか、調査や学会発表、論文の査読など、研究の過程で多くの方のお力添えをいただきました。個々にお名前を挙げることは叶いませんが、お世話になった全ての方々に、深く御礼申し上げます。

二〇二四年二月　小南　理恵

1956年	図書館サービス法が議会を通過	
1957年	報告書『読書の自由』刊行	スプートニク・ショック
	ALA出版関係委員会が特別委員会となる	
	ALA・ABPC読書発達合同委員会の設置	
1959年	フィスク『図書選択と検閲』刊行	
1961年		ジョン・F・ケネディ政権（民主党）となる
1964年		公民権法成立
1965年		ベトナム戦争拡大
1967年	「図書館の権利宣言」改訂。第5条に「年齢」が加えられる。ALA知的自由部設置	
1968年	「読書の自由」声明の改訂が検討され始める	キング牧師暗殺
1969年	「読書の自由財団」設立	ジョンソン政権（民主党）からニクソン政権（共和党）となる
	ALA年次大会で「読書の自由」声明改訂に関する小委員会設置	
1970年	アメリカ出版協会設立	
	ALA社会的責任ラウンドテーブル（SRRT）設置	
1971年	「ラベリング声明」が「図書館の権利宣言」の解説文として組み込まれる	
	「知的自由声明」採択	
1972年	「読書の自由」声明改訂	
1974年		フォード政権（共和党）となる
1975年		ベトナム戦争終結宣言
1976年	ALA・AAP合同委員会が設置される	
1977年		カーター政権（民主党）となる
1981年		レーガン政権（共和党）
1982年	ALA知的自由委員部のクラグらが中心となって「禁書週間」を開催	
1989年		ブッシュ（父）政権（共和党）となる
1990年	アメリカ図書館協会評議会が「見る自由声明」を承認	
1991年	「読書の自由」声明改訂	
1993年		クリントン政権（民主党）となる
1995年		Microsoft社がWindows95発売
2000年	「読書の自由」声明改訂	
2001年		ジョージ・W.ブッシュ政権（共和党）となる
		アメリカ同時多発テロ事件
2004年	「読書の自由」声明改訂	
2010年		オバマ政権（民主党）となる
		Apple社がiPad発売
2012年	ALA・AAP合同委員会が活動停止	

年表

年	図書館界・出版界の動き	アメリカ社会の動き
1938年	デモイン公立図書館「図書館の権利宣言」採択	下院非米活動委員会が特別委員会として設置される
1939年	ALAサンフランシスコ年次大会で成人教育委員会委員長ローズがALA評議会に「図書館の権利宣言」の採択案を提出し、採択される	第二次世界大戦開戦
		スタインベック『怒りの葡萄』刊行
1940年	ALAシンシナチ年次大会にて「図書館利用者の探究の自由を守るための知的自由委員会」(ALA知的自由委員会)の設置が認められる	
1945年	ALAワシントン事務局開設	非米活動委員会が常任委員会となる
		第二次世界大戦終戦。ルーズベルトの死によりトルーマン政権(民主党)となる
1946年	アメリカ出版会議設立	
1947年	ALA知的自由委員会の名称がCommittee on Intellectual Freedomへと短縮される	ジョゼフ・マッカーシーがウィスコンシン州で共和党上院議員に選出
		非米活動委員会によるハリウッド関係者の尋問
		トルーマン・ドクトリン(封じ込め政策)により忠誠審査プログラムが開始
1948年	ALA評議会「図書館の権利宣言」改訂版を採択	国連総会で「世界人権宣言」が採択される
	雑誌*Nation*事件	
1950年	ALA出版関係委員会設置	朝鮮戦争勃発
		マッカーシーが「国務省には共産主義が蔓延っている」と発言
	ALA・ABPC合同会議開催。以降、年に複数回の頻度で合同会議が開催されている	
	ルース・W.ブラウン事件	
1951年	ニューヨーク会議開催	
	ALAシカゴ年次大会にてALA評議会が「ラベリング声明」採択	
1952年	*New York Times*の一面でアンガス・キャメロン、ケネス・マコーミクらが共産主義者として告発される	
1953年	ALA冬期大会にて読書の自由に関する会議の実施が検討される	アイゼンハワー政権(共和党)となる
		マッカーシーが上院政府機能審査小委員会に任命される。作家ハワード・ファストを尋問。海外図書館の蔵書に対する攻撃が相次ぐ
	ウェストチェスター会議	朝鮮戦争終結
	「読書の自由」検討委員会が開催	ダートマス大学卒業式にてアイゼンハワー大統領が演説。「焚書者に合流するな」と発言
	ABPC理事会が「読書の自由」を採択	
	ALAロサンゼルス年次大会にてALA評議会が「読書の自由」および「海外図書館に関する声明」採択	
	*The Wonderful World of Books*刊行	
1954年	全米図書委員会設立	

索引

【さ行】

【ま行】

【ら行】

引用・参考文献一覧

本書で引用および参考にした文献を下記に記載する。和文文献は著者名50音順、英文文献は著者名A to Zで配列した。翻訳書は英文文献として記載している。同一著者による文献を複数挙げる場合は発行年の古いものから配列し、また無署名の文献については便宜上、掲載誌または掲載ウェブサイト名に基づいて配列した。

和文文献

赤石正, 栗田明子『アメリカの出版界：ハーパー社の出版経営』出版同人, 1974, 229p.
浅井澄子『書籍市場の経済分析』日本評論社, 2019, 320p.
天野雅文, 加藤好文, 林康次編『アメリカがわかるアメリカ文化の構図』松柏社, 1996, 318p.
「アメリカ合衆国憲法に追加されまたはこれを修正する条項」American Center Japan. https://americancenterjapan.com/aboutusa/laws/2569/, （参照 2019-06-06）.
有賀夏紀, 能登路雅子編『アメリカの世紀：1920年代－1950年代』東京大学出版会, 2005, 351p.
有賀夏紀, 紀平英作, 油井大三郎編『アメリカ史研究入門』山川出版社, 2009, 398p.
有馬哲夫『テレビの夢から覚めるまで：アメリカ1950年代テレビ文化社会史』国文社, 1997, 235p.
石垣綾子『病めるアメリカ』東洋経済新報社, 1953, 220p.
石田正治『冷戦国家の形成：トルーマンと安全保障のパラドックス』三一書房, 1993, 366p.
伊藤正己, 木下毅『新版 アメリカ法入門』日本評論社, 1984, 276p.
稲垣行子『公立図書館の無料原則と公貸権制度』日本評論社, 2016, 421p.
井上一馬『アメリカ映画の大教科書 下』新潮社, 1998, 369p.
インターネットメディア総合研究所編『米国電子書籍ビジネス調査報告書：日本を超える急成長を遂げた電子出版産業の全貌』インプレスR&D, 2011, 154p.

内田満『現代アメリカ圧力団体』三嶺書房, 1988, 195p.
太田良作『出版労働者が歩いてきた道』高文研, 1988, 426p.
小田勝己『アメリカ新聞界の良識 ：『クリスチャン・サイエンス・モニター』の名記者たち』八潮出版社, 1994, 161p.
奥平康弘『「表現の自由」を求めて』岩波書店, 1999, 348p.
男沢淳「「マッカーシー旋風」をどうする」『図書館雑誌』Vol. 47, No. 9, 1953, p. 7-9.
男沢淳訳「アメリカ図書館協会・アメリカ出版社協議会共同宣言「読書の自由」」『図書館雑誌』Vol. 47, No. 10, 1953, p. 11-13.
外務省「世界人権宣言（仮訳文）」http://www.mofa.go.jp/mofaj/gaiko/udhr/1b_002.html, （参照 2019-06-06）.
賀川洋『出版再生：アメリカの出版ビジネスから何が見えるか』文化通信社, 2001, 237p.
金平聖之助『世界の出版流通』サイマル出版会, 1970, 210p.
金平聖之助編著『アメリカの雑誌企業』出版同人, 1979, 254p.
金平聖之助『アメリカの出版・書店』ぱる出版, 1992, 266p.
上島晴彦『レッドパージ・ハリウッド：赤狩り体制に挑んだブラックリスト映画人列伝』作品社, 2006, 399p.
亀井俊介『わがアメリカ文化誌』岩波書店, 2003, 395p.
川崎良孝「アメリカ図書館史研究のビブリオグラフィ」『図書館史研究』第2号, 1985, p. 48-54.
川崎良孝『アメリカ公立図書館成立思想史』日本図書館協会, 1991, 335p.
川崎良孝『図書館の自由とは何か：アメリカの事例と実践』教育史料出版会, 1996, 235p.
川崎良孝『図書館裁判を考える：アメリカ公立図書館の基本的性格』京都大学図書館情報学研究会, 2002, 253p.
川崎良孝『図書館の歴史：アメリカ編』増訂第2版, 日本図書館協会, 2003, 291p.
川崎良孝『アメリカ公立図書館・人種隔離・アメリカ図書館協会：理念と現実との確執』京都大学図書館情報学研究会, 2006, 397p.
川崎良孝『アメリカ公立図書館の基本的性格をめぐる裁判事例の総合的研究』（科学研究費補助金（基盤研究C）研究成果報告書, 平成17-18年度）, 2007, 97p.

川崎良孝、村上加代子「『図書館の原則』(Intellectual Freedom Manual, Office for Intellectual Freedom, ALA）の変遷と図書館界」『京都大学生涯教育学・図書館情報学研究』2008, Vol. 7, p. 43-61.
川崎良孝, 高鍬裕樹『図書館利用者と知的自由：管轄領域、方針、事件、歴史』京都図書館情報学研究会, 2011, 210p.
川崎良孝, 安里のり子, 高鍬裕樹『図書館員と知的自由：管轄領域、方針、事件、歴史』京都図書館情報学研究会, 2011, 261p.
川崎良孝, 吉田右子『新たな図書館・図書館史研究：批判的図書館史研究を中心にして』京都図書館情報学研究会, 2011, 402p.
川崎良孝編著『図書館と知的自由：管轄領域、方針、事件、歴史』京都図書館情報学研究会, 2013, 293p.
川崎良孝『アメリカ図書館協会「倫理綱領」の歴史的展開過程』京都図書館情報学研究会, 2015, 245p.
川崎良孝「『図書館の権利宣言』（1948年）とヘレン・ヘインズ：明示的な積極面と黙示的な消極面」『図書館界』Vol. 71, No.3, 2019, p. 174-188.
貴志俊彦, 土屋由香編『文化冷戦の時代：アメリカとアジア』国際書院, 2009, 281p.
陸井三郎『ハリウッドとマッカーシズム』筑摩書房, 1990, 324p.
黒川修司『赤狩り時代の米国大学：遅すぎた名誉回復』中央公論社, 1994, 232p.
桑名淳二『アメリカ雑誌をリードした人びと』風濤社, 2003, 213p.
国立国会図書館関西館図書館協力課編『米国の図書館事情2007：2006年度国立国会図書館調査研究報告書』日本図書館協会, 2008, 365p.
小南理恵「「読書の自由」の成立過程：1953年ウェストチェスター会議を中心に」図書館文化史研究, No. 35, 2018, p. 109-152.
小南理恵「アメリカ図書館協会とアメリカ出版会議の協同：「読書の自由」との関わりを中心に」『図書館文化史研究』No. 36, 2019, p. 103-126.
今まど子, 高山正也編著『現代日本の図書館構想：戦後改革とその展開』勉誠出版, 2013, 250p.
佐々木繁編著『日本の出版界: その歩みと現状』日本書籍出版協会, 1967, 80p.
佐々木卓也『戦後アメリカ外交史』有斐閣, 2009, 351p.

佐々木卓也『冷戦：アメリカの民主主義的生活様式を守る戦い』有斐閣, 2011, 228p.
笹田直人, 堀真理子, 外岡尚美編著『概説アメリカ文化史』ミネルヴァ書房, 2002, 347p.
佐藤卓己『現代メディア史』岩波書店, 1998, 259p.
塩見昇, 天満隆之輔「マッカーシー下の図書館」『図書館界』Vol. 20, No. 5, 1969, p. 156-170.
塩見昇『知的自由と図書館』青木書店, 1989, 260p.
塩見昇, 川崎良孝『知る自由の保障と図書館』京都大学図書館情報学研究会, 2006, 423p.
塩見昇『図書館の自由委員会の成立と「図書館の自由に関する宣言」改訂』日本図書館協会, 2017, 256p.
島田真杉「非米活動委員会とハリウッド：1947年ハリウッド聴聞会の意味」『アメリカ研究』Vol. 1991, No. 25, 1991, p. 63-81.
鈴木透『実験国家アメリカの履歴書：社会・文化・歴史にみる統合と多元化の軌跡』慶応義塾大学出版会, 2003, 232p.
鈴木守「NEA・ALA合同委員会報告書（1941）における学校図書館サービスの原則：学校と公共図書館との関係に関する原則を中心に」『日本図書館情報学会誌』Vol. 53, No. 2, 2007, p. 90-102.
鈴木幸久「アメリカの対外文化政策の一環としての「フランクリン図書計画」（Franklin Book Programs）について」『図書館界』Vol. 41, No. 1, 1989, p. 27-30.
相関図書館学方法論研究会編著『図書館と読書をめぐる理念と現実』松籟社, 2019, 265p.
高橋徹『現代アメリカ知識人論：文化社会学のために』新泉社, 1987, 318p.
常盤新平『ブックス＆マガジンズ』サイマル出版会, 1981, 268p.
「わいせつ書の取締：戦前の特高とそっくり」1953年7月18日『図書新聞』第204号,『図書新聞』第3巻, 不二出版, 1989, p. 145.
長尾龍一『アメリカ知識人と極東：ラティモアとその時代』東京大学出版会, 1985, 295p.
中山愛理「アメリカ図書館法制度と図書館関係立法」情報の科学と技術, Vol. 59, No. 12, 2009, p. 573-578.
成原慧『表現の自由とアーキテクチャ：情報社会における自由と規制の再

構成』勁草書房, 2016, 379p.
日本アメリカ文学・文化研究所編『アメリカ文化ガイド』荒地出版社, 2000, 290p.
「ユネスコ公共図書館宣言　1994年」日本図書館協会. http://www.jla.or.jp/library/gudeline/tabid/237/Default.aspx,（参照 2021-08-03）
根本彰「占領期図書館政策を解明するための在米資料の紹介」『日本図書情報学会誌』Vol. 45, No. 3, 1999, p. 125-134.
根本彰編『戦後アメリカの国際的情報文化政策の形成』東京大学大学院教育学研究科図書館情報学研究室, 2001, 187p.
埴岡信夫「問題になったボストン公共図書館の"中立性"」『図書館雑誌』Vol. 74, No. 4, 1953, p. 14-16.
福井佑介『図書館の倫理的価値「知る自由」の歴史的展開』松籟社, 2015, 254p.
藤田博司『アメリカのジャーナリズム』岩波書店, 1991, 234p.
藤野幸雄『アメリカ議会図書館：世界最大の情報センター』中央公論社, 1998, 189p.
松井茂記『図書館と表現の自由』岩波書店, 2013, 260p.
松浦良充「ロバート・M・ハッチンズの「アカデミック・フリーダム」論：イリノイ州議会治安妨害活動調査委員会証言をめぐって」『日本の教育史学 : 教育史学会紀要』Vol. 32, No. 1989, 1989, p. 180-194.
三浦太郎「占領期ドイツにおける米国の図書館政策：アメリカ・ハウスの設立を中心に」『日本図書館情報学会誌』Vol. 47, No. 2, 2001, p. 67-80.
森耕一訳「（十一）ユネスコ公共図書館宣言」『公共図書館の管理（図書館の仕事：3）』清水正三編, 日本図書館協会, 1971, p. 199-201.
矢口祐人, 吉原真里編著『現代アメリカのキーワード』中央公論新社, 2006, 376p.
山本順一『図書館概論：デジタル・ネットワーク社会に生きる市民の基礎知識』（講座・図書館情報学2）ミネルヴァ書房, 2015, 269p.
吉田右子『メディアとしての図書館：アメリカ公共図書館論の展開』日本図書館協会, 2004, 400p.
渡辺靖『アメリカン・センター：アメリカの国際文化戦略』岩波書店, 2008, 221p.
渡辺靖『アメリカン・デモクラシーの逆説』岩波書店, 2010, 229p.

渡辺靖『アメリカのジレンマ』NHK出版, 2015, 238p.
和田敦彦『書物の日米関係：リテラシー史に向けて』新曜社, 2007, 406p.

英文文献

"Board and Committee Reports," *ALA Bulletin*. Vol.34, No. 9, 1940, p. 568-600.
"Board and Committee Reports," *ALA Bulletin*. Vol.35, No. 10, 1941, p. 604-648.
"Labeling — A Report of the ALA Committee on Intellectual Freedom," *ALA Bulletin*. Vol. 45, No. 7, 1951, p. 241-244.
"ALA Organization and Information 1951-52," *ALA Bulletin*, Vol. 45, No. 11, 1951, p. 389.
"Tentative Program 72nd Annual ALA Conference Los Angeles, June 21-27," *ALA Bulletin*. Vol. 47, No. 5, 1953, p. 212-218.
"ALA Organization and Information, 1952-53," *ALA Bulletin*, Vol. 47, No. 11, 1953, p. 547.
"ALA Organization and Information, 1953-54," *ALA Bulletin*, Vol. 48, No. 11, 1954, p. 623.
"ALA Organization and Information, 1954-55," *ALA Bulletin*, Vol. 49, No. 11, 1955, p. 631.
"ALA Organization and Information,"*ALA Bulletin*. Vol.50, No. 11, 1956, p. 720.
"ALA Organization and Information," *ALA Bulletin*, Vol. 51, No. 11, 1957, p. 835-897.
"Intellectual Freedom Statement," *American Libraries*. 1971, Vol. 2, No. 8, p. 831-833.
American Library Association and American Book Publishers Council. *The Freedom to Read: A statement prepared by the Westchester Conference of the American Library Association and the American Book Publishers Council, May 2 and 3, 1953*. Chicago, American Library Association, 1953, 6p.
"ALA Annual Membership Statistics," American Library Association. http://www.ala.org/membership/membershipstats_files/annual_memb_stats, (accessed 2019-06-06).
"ALA's Core values, key action areas and strategic directions," American Library Association. http://www.ala.org/aboutala/, (accessed 2019-06-06).
"ALA's Past Presidents," American Library Association. http://www.ala.org/

aboutala/history/past, (accessed 2019-06-06).

"National Library Week History," American Library Association, 2015. http://www.ala.org/aboutala/1958/national-library-week-history, (accessed 2019-06-06).

"Past Annual Conferences, 1876-Present," American Library Association. http://www.ala.org/conferencesevents/past/pastannualconferences, (accessed 2019-06-06).

"Past Executive Directors & Secretaries," American Library Association. http://www.ala.org/aboutala/history/past-executive-directors, (accessed 2019-06-06).

"Past Midwinter Meetings, 1908- Present," American Library Association. http://www.ala.org/conferencesevents/past/pastmidwinters, (accessed 2019-06-06).

Annual Report of the Librarian of Congress: For the Fiscal Year Ending June 30, 1953. Washington, U.S. Government Printing Office, 1953, p. v.

Asato, Noriko "Librarians' Free Speech: The Challenge of Librarians' Own Intellectual Freedom to the American Library Association, 1946-2007," *Library Trends*. Vol. 63, No. 1, 2014, p. 75-105.

Asheim, Lester. "Berelson, Bernard Reuben（1912-1979）, " *Supplement to the Dictionary of American Library Biography*. Wiegand, Wayne A., ed. Libraries Unlimited, 1990, p. 12-15.

Asheim, Lester. "Report on the Conference on Reading Development," *Public Opinion Quarterly*, Vol. 15, No. 2, 1951, p. 305-321.

Baldwin, Gordon B. "The Library Bill of Rights-A critique," *Library Trends*. Vol. 45, No. 1, 1996, p. 7-27.

Barnouw, Eric『映像の帝国：アメリカ・テレビ現代史』［*The Image Empire*］岩崎昶訳, 1973, 238p.

Bobinski, George S., Jesse H. Shera, Bohdan S. Wynar, eds. *Dictionary of American Library Biography*. Littleton, Colorado, Libraries Unlimited, 1978, 596p.

Boll, John J.「ALAと知的自由」『図書館雑誌』裏田武夫訳, Vol. 48, No. 5, 1954, p. 160-170.

"Daughters of the American Revolution (DAR), "Britannica Academic [online]. Encyclopædia Britannica Inc.. https://academic.eb.com/levels/collegiate/article/Daughters-of-the-American-Revolution/29443, (accessed 2019-06-06).

Bundy, Mary Lee and Frederick J. Stielow, eds.『アメリカ図書館界と積極的活

動主義：1962-1973年』［*Activism in American Librarianship, 1962-1973*］川崎良孝, 森田千幸, 村上加代子訳, 2005, 279p.

Burress, Lee. *Battle of the Books: Literary Censorship in the Public Schools, 1950-1985*. Metuchen, N.J.: Scarecrow Press, 1989, 385p.

Campbell, Douglas. “Reexamining the origins of the adoption of the ALA’s Library Bill of Rights,” *Library Trends*. Vol. 63, No. 1, 2014, p. 42-56.

Casper, Scott E., Joanne D. Chaison and Jeffrey D. Groves, eds. *Perspectives on American book history: Artifacts and commentary*. Amherst, University of Massachusetts Press, 2002, 461p.

Cerf, Bennett『アト・ランダム：ランダムハウス物語』［*At Random : The Reminiscences of Bennett Cerf*］木下秀夫訳, 早川書房, 1980, 524p.

Chapin, Richard E. *Mass Communications: A Statistical Analysis*. East Lansing, Michigan State University Press, 1957, 148p.

Christensen, Peter G. “Justifying the Freedom to Read: From Democratic Right to Human Right,” *Public Library Quarterly*. 1999, Vol. 17, No. 2, p. 15-32.

“Librarians Demand Full Freedom for Reading All but Obscene Book,” *Christian Science Monitor*. June 26, 1953, p. 3.

“Publishers and Librarians Seek to Block Wave of Censoring,” *Christian Science Monitor*. June 26, 1953, p. 3.

Clift, David H. “Memo to Members,” *ALA Bulletin*. Vol. 46, No. 1, 1952, p. 4-5.

Clift, David H. “Memo to Members,” *ALA Bulletin*. Vol. 46, No. 3, 1952, p. 68-69.

Clift, David H. “Memo to Members,” *ALA Bulletin*. Vol. 46, No. 4, 1952, p. 102-103.

Clift, David H. “Memo to Members,” *ALA Bulletin*. Vol. 47, No. 8, 1953, p. 338-339.

Clift, David H. “Memo to Members,” *ALA Bulletin*. Vol. 47, No. 10, 1953, p. 450-451.

Cohen, Morris L. and Kent C. Olson『入門 アメリカ法の調べ方』［*Legal Research in a Nutshell*］山本信男訳, 1994, 364p.

Cole, Dorothy Ethlyn, ed. *Who's Who in Library Service: A Biographical Directory of Professional Librarians in the United States and Canada, Third Edition*. New York, Grolier Society, 1955, 546p.

Cole, John Y., ed. *Responsibilities of the American Book Community*. Library of

Congress, 1981, 88p.

Cole, John Y. "Is There a Community of the Book? An Introduction," *The Community of the Book: A Directory of Selected Organizations and Programs*. Carren Kaston ed., Library of Congress, 1986, p. 5-13.

Commission on Freedom of the Press『自由で責任あるメディア：マスメディア（新聞・ラジオ・映画・雑誌・書籍）に関する一般報告書』［*A Free and Responsible Press : A General Report on Mass Communication : Newspapers, Radio, Motion Pictures, Magazines, and Books*］渡辺武達訳, 論創社, 2008, 205p.

Committee on Organization "American Library Association Committee on Organization Report to Council, Midwinter Meeting 2011," 2011-01-09, 2011 CD#27-27.1 - Committee on Organization (COO) Report, http://hdl.handle.net/11213/5148, (accessed 2019-06-06).

Cory, JoŠ Mackenzie. "Memo to Members," *ALA Bulletin*. Vol. 44, No. 7, 1950, p. 268-269.

Cory, JoŠ Mackenzie. "Memo to Members," *ALA Bulletin*. Vol. 44, No. 9, 1950, p. 334-335.

Davis, Donald G. ed. *Dictionary of American Library Biography*, Second Supplement, Westport, Connecticut, Libraries Unlimited, 2003, 250p.

Davis, Kenneth C. "The Book Goes to Court: Paperbacks and Censorship," *Publishing Research Quarterly*. Vol. 11, No. 4, 1996, p. 9-32.

Dicke, William. "Erwin Canham, Longtime editor of Christian Science Monitor, dies.," *New York Times*. January 4, 1982. http://www.nytimes.com/1982/01/04/obituaries/erwin-canham-longtime-editor-of-christian-science-monitor-dies.html, (accessed 2019-06-06).

Ditzion, Sidney『民主主義と図書館』［*Arsenals of a Democratic Culture*］川崎良孝, 高島涼子, 森耕一共訳, 日本図書館研究会, 1994, 272p.

Downs, Robert B. ed. *The First Freedom*, Chicago, American Library Association, 1960, 469p.

Downs, Robert. "The ALA Today-A 1953 stocktaking Report: To the Council, June 1953, Los Angeles," *ALA Bulletin*. Vol. 47, No. 9, 1953, p. 397-399.

Edelman, Hendrik and Robert P. Holley eds. *Marketing to Libraries for the New Millennium: Librarians, Vendors, and Publishers Review the Landmark Third*

Industry-Wide Survey of the Library Marketing Practices and Trends, Maryland, Scarecrow Press, 2002, 207p.

Fiske, Marjorie. *Book Selection and Censorship*. Berkeley and Los Angeles, University California Press, 1959, 145p.

Foster, Stuart John. "Red alert! The National Education Association's National Commission for the Defense of Democracy through Education confronts the "red scare" in American schools, 1945-1955," Ph.D. dissertation, The University of Texas at Austin, 1996, 321p.

Fox, Margalit. "Betty Friedan, Who Ignited Cause in 'Feminine Mystique,' Dies at 85," *New York Times*. February 4, 2006. https://www.nytimes.com/2006/02/04/national/betty-friedan-who-ignited-cause-in-feminine-mystique-dies-at-85.html, (accessed 2019-06-06).

Frase, Robert W. "American Book Publishers Council," *Encyclopedia of Library and Information Science, Vol. 1*. Allen Kent and Harold Lancour, eds. New York, Marcel Dekker, 1968, p. 238-239.

Francoeur, Stephen. "McCarthyism and Libraries: Intellectual Freedom Under Fire, 1947-1954," Master's Thesis, Hunter College, 2006. http://francoeur.pbwiki.com/f/Francoeur%20MCCARTHYISM%20AND%20LIBRARIES%20essay.pdf, (accessed 2019-06-06).

Francoeur, Stephen. "Prudence and Controversy: The New York Public Library Response to Post-War Anti-Communist Pressures," *Library & Information Science History*. Vol. 27, No. 3, 2011, p. 140-160.

Geller, Evelyn『アメリカ公立図書館で禁じられた図書：1876-1939年、文化変容の研究』［*Forbidden Books in American Public Libraries, 1876-1939: A Study in Cultural Change*］川崎良孝, 吉田右子訳, 京都図書館情報学研究会, 2003, 313p.

Guinzburg, Harold K., Robert W. Frase, Theodore Waller. *Books and the Mass Market*. Urbana, University of Illinois Press, 1953, 66p.

Hajdu, Davis『有害コミック撲滅！：アメリカを変えた50年代「悪書」狩り』［*The Ten-Cent Plague : The Great Comic-book Scare and How It Changed America*］小野耕世, 中山ゆかり訳, 岩波書店, 2012, 422p.

Halberstam, David『メディアの権力：勃興と富と苦悶と1』［*The Powers that be*］筑紫哲也, 東郷茂彦訳, サイマル出版会, 1983, 431p.

Halberstam, David『ベスト＆ブライテスト1：栄光と興奮に憑かれて』［*The Best and the Brightest*］浅野輔訳, サイマル出版会, 1983, 328p.

Halberstam, David. *The Fifties*. New York, Fawcett Columbine, 1993, 800p.

Harris, Michael "Portrait in Paradox: Commitment and Ambivalence in American Librarianship, 1876-1976," *Libri*, Vol. 26, 1976, p. 284.

Hawes, Gene R.『大学出版部：科学の発展のために』［*To Advance Knowledge: A Handbook on American University Press Publishing*］箕輪成男訳, 東京大学出版会, 1969, 293p.

Hess, John L. "Lewis Galantiere, Translator of French Works, Dies," *New York Times*. February 22, 1977. https://www.nytimes.com/1977/02/22/archives/lewis-galantiere-translator-of-french-works-dies.html, (accessed 2019-06-06).

Horn, Zoia『ゾイア！ゾイア・ホーン回顧録、知る権利を求めて闘う図書館員』［*Zoia! Memoirs of Zoia Horn, Battler for the People's Right to Know*］田口瑛子訳, 京都図書館情報学研究会, 2012, 394p.

Ingham, John N. *Biographical Dictionary of American Business Leaders: H-M*. Westport, Conn, Greenwood Press, 1983, p. 796-798.

James, George. "Arthur Houghton Jr., 83, Dies; Led Steuben Glass," *New York Times*. April 4, 1990. http://www.nytimes.com/1990/04/04/obituaries/arthur-houghton-jr-83-dies-led-steuben-glass.html, (accessed 2019-06-06).

Josephson, Matthew. "The Battle of the Books," *The Nation*. June 28, 1952, p. 619-624.

Kennan, George F.『ジョージ・F. ケナン回顧録：対ソ外交に生きて 下』［*Memoirs*］清水俊雄訳, 読売新聞社, 1973, 364p.

Kenneth, Davis C. "The Lady Goes To Court: Paperbacks and Censorship," *Publishing Research Quarterly*. 1996, Vol. 11, No. 4, p. 9-32.

Krebs, Albin. "Whitney North Seymour Sr., Led Bar Group," *New York Times*. May 22, 1983. http://www.nytimes.com/1983/05/22/obituaries/whitney-north-seymour-sr-led-bar-group.html, (accessed 2019-06-06).

Lacy, Dan and Robert W. Frase "The American Book Publishers Council," *The Enduring Book: Print Culture in Postwar America*. David Paul Nord et al. ed., Chapel Hill, Published in association with the American Antiquarian Society by the University of North Carolina Press, 2009, p. 195-209, (*A History of the Book in America*, Volume 5).

Landgraf, Greg ""Wake Up and Read" to "Libraries Lead" The 60-year history of National Library Week," *American Libraries*. Vol. 49, No. 3/4, 2018, p. 34-37.

Latham, Joyce M. "Heat, Humility, and Hubris: The Conundrum of the Fiske Report," *Library Trends*. Vol. 63, No. 1, 2014, p. 57-74.

Lawson, Linda, and Richard B. Kielbowicz. "Library Materials in the Mail: A Policy History," *The Library Quarterly*. Vol. 58, No. 1, 1988, p. 29-51.

"The Freedom to Read," *Library Journal*. Vol.78, No. 14, 1953, p. 1272-1275.

Library of Congress. *Annual Report of the Librarian of Congress: For the Fiscal Year Ending June 30, 1953*. Library of Congress, 1954, 193p.

Lilienthal, David E.『TVA：総合開発の歴史的実験』［*TVA. 2nd ed*］和田小六, 和田昭允訳, 岩波書店, 1979, 350p.

Manning, Molly Guptill.『戦地の図書館：海を越えた一億四千万冊』[*When Books Went to War: The Stories That Helped Us Win World War II*] 松尾恭子訳, 東京創元社, 2016, 257p.

Marcus, Leonard S.『アメリカ児童文学の歴史：300年の出版文化史』［*Minders of Make-Believe: Idealists, Entrepreneurs, and the Shaping of American Children's Literature*］前沢明枝訳, 原書房, 2015, 598p.

McKeon, Richard, Robert K. Merton and Walter Gellhorn. *The Freedom to Read: Perspective and Program*. R.R. Bowker Co., 1957, 110p.

Mcquiston, John T. "George Shuster, Former Hunter President, Dies at 82," *New York Times*. January 26, 1997. https://www.nytimes.com/1977/01/26/archives/george-shuster-former-hunter-president-dies-at-82.html, (accessed 2019-06-06).

Mill, John Stuart.『自由論』［*On Liberty*］塩尻公明, 木村健康訳, 岩波書店, 1971, 288p.

Miller, William. *The Book Industry*. New York, Columbia University Press, 1949, 156p.

Molz, Redmond Kathleen and Phyllis Dain.『シビックスペース・サイバースペース：情報化社会のアメリカ公共図書館』［*Civic Space/Cyberspace : The American Public Library in the Information Age*］山本順一訳, 勉誠出版, 2013, 337p.

Moore, Everett T. "Intellectual Freedom". *Research Librarianship: Essays in Honor of Robert B. Downs*. Jerrold Orne ed. R.R. Bowker Co., 1971, p. 1-17.

Nasaw, David『新聞王ウィリアム・ランドルフ・ハーストの生涯』［*The Chief: The Life of William Randolph Hearst*］井上廣美訳, 日経BP社, 2002, 786p.

Navasky, Victor S.『ハリウッドの密告者：1950年代アメリカの異端審問』［*Naming Names*］三宅義子訳, 論創社, 2008, 692p.

"Texts of Librarians' Manifesto and Resolution on Book Curbs," *New York Times*. June 26, 1953, p. 8.

"Cass Canfield, a titan of publishing, is dead at 88," *New York Times*. March 28, 1986, Late Edition (East Coast), p. D.15.

"Charles G. Bolte, 74, Viking Press Executive," *New York Times*. March 9, 1994. http://www.nytimes.com/1994/03/09/obituaries/charles-g-bolte-74-viking-press-executive.html, (accessed 2019-06-06).

Nord, David Paul, Joan Shelley Rubin and Michael Schudson. *The Enduring Book: Print Culture in Postwar America*. Chapel Hill, the University of North Carolina Press, 2009, 618p, (*A History of the Book in America*, Volume 5).

O'Connor, Thomas F. "The National Organization for Decent Literature: A Phase in American Catholic Censorship," *The Library Quarterly*. Vol. 65, No. 4, 1995, p. 386-414.

Office for Intellectual Freedom of the American Library Association, comp. *Intellectual Freedom Manual 4th Edition*, Chicago and London, American Library Association, 1992, 283p.

Office for Intellectual Freedom of the American Library Association, comp. *Intellectual Freedom Manual 5th Edition*, Chicago and London, American Library Association, 1997, 393p.

Office for Intellectual Freedom of the American Library Association, comp.『図書館の原則：図書館における知的自由マニュアル（第 3 版）』[*Intellectual Freedom Manual 3rd Edition*] 川崎良孝 , 川崎佳代子訳 , 日本図書館協会 , 1991, 414p.

Office for Intellectual Freedom of the American Library Association, comp.『図書館の原則 新版：図書館における知的自由マニュアル（第5版）』[*Intellectual Freedom Manual 5th Edition*] 川崎良孝, 川崎佳代子訳, 日本図書館協会, 1997, 478p.

Office for Intellectual Freedom of the American Library Association, comp.『図

書館の原則 改訂版：図書館における知的自由マニュアル（第 6 版）』 [*Intellectual Freedom Manual 6th Edition*] 川崎良孝, 川崎佳代子訳, 日本図書館協会 , 2003, 495p.

Office for Intellectual Freedom of the American Library Association, comp.『図書館の原則 改訂 2 版：図書館における知的自由マニュアル（第 7 版）』 [*Intellectual Freedom Manual 7th Edition*] 川崎良孝, 川崎佳代子訳, 日本図書館協会 , 2007, 577p.

Office for Intellectual Freedom of the American Library Association, comp.『図書館の原則 改訂 3 版：図書館における知的自由マニュアル（第 8 版）』 [*Intellectual Freedom Manual 8th Edition*] 川崎良孝, 川崎佳代子訳, 日本図書館協会 , 2010, 585p.

Office for Intellectual Freedom of the American Library Association, comp.『図書館の原則 改訂 4 版：図書館における知的自由マニュアル（第 9 版）』 [*Intellectual Freedom Manual 9th Edition*] 川崎良孝, 福井佑介, 川崎佳代子訳 , 日本図書館協会 , 2016, 305p.

Office for Intellectual Freedom of the American Library Association, comp.『アメリカ図書館協会の知的自由に関する方針の歴史：『図書館における知的自由マニュアル』第 9 版への補遺』[*A History of ALA Policy on Intellectual Freedom: A Supplement to the Intellectual Freedom Manual, Ninth Edition*] 川崎良孝訳 , 京都図書館情報学研究会 , 2016, 290p.

Olson, James S. *Historical Dictionary of the 1950s*. Westport, Conn.Greenwood Press, 2000, 353p.

Pawley, Christine and Louise S. Robbins, eds. 『20世紀アメリカの図書館と読者層』［*Libraries and the Reading Public in Twenties-Century America*］川崎良孝, 嶋崎さや香, 福井佑介訳, 京都図書館情報学研究会, 2014, 351p.

Preer, Jean "The Wonderful World of Books: Librarians, Publishers, and Rural Readers," *Libraries & Culture*. Vol. 32, No. 4, 1997, p. 403-426.

Preer, Jean ""Wake Up and Read!" Book Promotion and National Library Week, 1958," *Libraries & the Cultural Record*. Vol. 45, No. 1, 2010, p. 92-132.

Preer, Jean L. 『図書館倫理：サービス・アクセス・関心の対立・秘密性』［*Library Ethics*］川崎良孝ほか訳, 京都図書館情報学研究会, 2011, 342p.

"Publishers Council and ALA adopt Declaration, "The Freedom to Read,"" *Publishers' Weekly*. Vol. 164, No. 1, 1953, p. 16-19.

Richards, Pamela Spence, Wayne A. Wiegand and Marija Dalbello, eds. *A History of Modern Librarianship: Constructing the Heritage of Western Cultures*, Santa Barbara and Denver: Libraries Unlimited, 2015, 248p.

Robbins, Louise S. "The Library of Congress and Federal Loyalty Programs, 1947-1956: No "Communists or Cocksuckers"," *The Library Quarterly*. Vol. 64, No. 4, 1994, p. 365-385.

Robbins, Louise S. "After brave words, silence: American librarianship responds to Cold War loyalty programs, 1947-1957," *Libraries & Culture*. Vol. 30, No. 4, 1995, p. 345-365.

Robbins, Louise S. "Champions of a cause: American librarians and the Library Bill of Rights in the 1950s," *Library Trends*. Vol. 45, No. 1, 1996, p. 28-49.

Robbins, Louise S.『検閲とアメリカの図書館：知的自由を擁護するアメリカ図書館協会の闘い　1939年－1969年』［*Censorship and the American Library: the American Library Association's Response to Threats to Intellectual Freedom, 1939-1969*］川崎良孝訳, 日本図書館研究会, 1998, 324p.

Robbins, Louise S. "Fighting McCarthyism through Film: A Library Censorship Case Becomes a "Storm Center"," *Journal of Education for Library & Information Science*. Vol. 39, No. 4, 1998, p. 291-311.

Robbins, Louise S. "The Overseas Libraries Controversy and the Freedom to Read: U.S. Librarians and Publishers Confront Joseph McCarthy," *Libraries & Culture*. Vol. 36, No. 1, Winter 2001, p. 27-39.

Robbins, Louise S. "Responses to the Resurrection of Miss Ruth Brown: An Essay on the Reception of a Historical Case Study," *Libraries & the Cultural Record*. Vol. 42, No.4, 2007, p. 422-437.

Robbins, Louise S. "Publishing American Values: The Franklin Book Programs as Cold War Cultural Diplomacy," *Library Trends*. Vol. 55, No. 3, 2007, p. 638-650.

Robbins, Louise. "Introduction," *Library Trends*. Vol. 63, No. 1, 2014, p. 2-10.

Rovere, Richard H.『マッカーシズム』［*Senator Joe McCarthy*］宮地健次郎訳, 1984, 岩波書店, 366p.

R. R. Bowker. *Literary Market Place 1948 Edition*. New York, R. R. Bowker, 1948, 244p.

Samek, Toni『図書館の目的をめぐる路線闘争：アメリカ図書館界におけ

る知的自由と社会的責任：1967-1974年』［*Intellectual Freedom and Social Responsibility in American Librarianship, 1967-1974*］川崎良孝, 坂上未希訳, 京都図書館情報学研究会, 2003, 255p.

Schrecker, Ellen W. *No Ivory Tower : McCarthyism and the Universities*. New York, Oxford University Press, 1986, 437p.

Schudel, Matt. "D.C. Juvenile Court Judge and Activist Orman Ketham Dies," *The Washington Post*. December 17, 2004, https://www.washingtonpost.com/archive/local/2004/12/17/dc-juvenile-court-judge-and-activist-orman-ketcham-dies/31f4c42f-7638-4908-80e3-1431453c0aa4/, (accessed 2019-06-06).

Seymour, Whitney North Jr. and Elizabeth N. Layne『だれのための図書館』［*For the People: Fighting for Public Libraries*］京藤松子訳, 日本図書館協会, 1982, 317p.

Tebbel, JoŠ. *The Great Change, 1940-1980*. R.R. Bowker Co., 1981, p. 705-718 (*A History of Book Publishing in the United States,* Vol.4).

The American Library Association Archives. http://archives.library.illinois.edu/alaarchon/, (accessed 2019-06-06).

"Review and Outlook-Self-Appointed Guardians," *The Wall Street Journal*. July 2 1953, p. 4.

Time-Life Books編集部編『赤狩りとプレスリー』［*This Fabulous Century*］青木日出夫訳, 西武タイム, 1985, 288p.

U.S. Congress. House. Select Committee on Current Pornographic Materials. Report of the Select Committee on Current Pornographic Materials, House of Representatives, Eighty-Second Congress, Pursuant to H. Res. 596, a Resolution Creating a Select Committee to Conduct a Study and Investigation of Current Pornographic Materials. U.S. Government Printing Office, 1952, 137p.

Waller, Theodore. "The United States Experience in Promoting Books, Reading, and the International Flow of Information," *The International Flow of Information: A Trans Pacific Perspective*. Cole, JoŠ Y., ed. Library of Congress, 1981, p. 13-17, (The Center for the Book viewpoint series, No. 7).

"Freedom to Read Is Essential, Publishers, Librarians Declare," *Washington Post*. June 26 1953, p. 24.

Webster, Bayard. "Dr. Detlev W. Bronk, 78, Of Rockefeller U., Is Dead," *New York Times*. November 18, 1975. https://www.nytimes.com/1975/11/18/archives/dr-detlev-w-bronk-78-of-rockefeller-u-is-dead.html, (accessed 2019-06-06).

Wiegand, Wayne A. *Supplement to the Dictionary of American Library Biography*. Englewood, Colorado, Libraries Unlimited, 1990, 184p.

Wiegand, Wayne A., ed. 『『図書館の権利宣言』を論じる』［*"The Library Bill of ights," Library Trends, Vol. 45, No. 1, p. 1-127.*］川崎良孝, 薬師院はるみ訳, 京都大学図書館情報学研究会, 2000, 195p.

Wiegand, Wayne A. *Part of Our Lives: A People's History of the American Public Library*. New York, Oxford University Press, 2015, 331p.

Wiegand, Wayne A. "ALA's Proudest Moments: Six Stellar Achievements of the American Library Association in Its 140-Year History," *American Libraries*. Vol. 47, No.6, 2016, p. 32-39.

Williams, Patrick『アメリカ公共図書館史：1841年-1987年』［The American Public Library and the Problem of Purpose］原田勝訳, 勁草書房, 1991, 209p.

Wright, Wyllis E, ed. *American Library Annual for 1955-1956: Sponsored by the Council of National Library Associations and the Library Journal*. New York, R.R. Bowker, 1956, 165p.

一次史料一覧

Library of Congress Manuscript Reading Room

（1）The Central File: MacLeish-Evans,

Douglas M. Black. "Annual Report (Preliminary)," Manuscript Reading Room, Library of Congress, Washington, D.C.[以下、LC], The Central File: MacLeish-Evans, Container 871, Folder: Library Cooperation 18.

Bolté, Charles G. to Participants in the Westchester Conference on the freedom to read, 1953 May 15, LC, The Central File: MacLeish-Evans, Container 871, Folder: Library Cooperation 18.

Bolté, Charles G. "ALA/ABPC Conference on the Freedom to Read, Westchester County Club, Rye, New York, May 2 and 3, 1953," LC, Central File: MacLeish-Evans, Container 871, Folder: Library Cooperation 18.

Lacy, Dan to Luther Evans, April 9, 1953, LC, Central File: MacLeish-Evans, Container 871, Folder: Library Cooperation 18.

"Westchester Conference Participants," LC, The Central File: MacLeish-Evans, Container 871, Folder: Library Cooperation 18.
"Participants—Westchester Conference" LC, The Central File: MacLeish-Evans, Container 871, Folder: Library Cooperation 18.
"Westchester Conference—Invited but unable to attend," LC, The Central File: MacLeish-Evans, Container 871, Folder: Library Cooperation 18.
"Possible Signers--Invited but unable to attend," LC, The Central File: MacLeish-Evans, Container 871, Folder: Library Cooperation 18.
Dan Lacy to Luther Evans, 9-April-1953, LC, The Central File: MacLeish-Evans, Container 871, Folder: Library Cooperation 18.
Charles G. Bolté "ALA/ABPC Conference on the Freedom to Read, Westchester County Club, Rye, New York, May 2 and 3, 1953," LC, The Central File: MacLeish-Evans, Container 871, Folder: Library Cooperation 18.
Charles G. Bolté to Participants in the Westchester Conference on the freedom to read, 15-May-1953, LC, The Central File: MacLeish-Evans, Container 871, Folder: Library Cooperation 18.
"Working Paper, ALA/ABPC Conference on the Freedom to Read, Westchester Country Club, Rye, New York, May 2-3, 1953," LC, The Central File: MacLeish-Evans, Container 871, Folder: Library Cooperation 18.
Charles G. Bolté "Public response to the Westchester declaration on "The Freedom to Read," released Thursday, June 25th, 1953," *bulletin*, July 10 1953, LC, The Central File: MacLeish-Evans, Container 871, Folder: Library Cooperation 18.

（2）アメリカ議会図書館ウェブサイト

"Press Release, Office of the Librarian, Library of Congress, March 31, 1940," LC. 1940-03-31. https://www.loc.gov/item/mff000006/, (accessed 2019-06-06).

American Library Association Archives at the University of Illinois at Urbana-Champaign

（1）Record Series 6/1/6

"Twenty Years of Reading Development Projects, by the Committee on Reading Development, in Collaboration with the National Book Committee, Inc., 1951-1971." 11-March-1971, American Library Association Archives at

the University of Illinois at Urbana-Champaign[以下、ALA Archives], Record Series 6/1/6, Box 38, Folder: AAP/ALA Joint Committee on Reading Development, 1971-78.

(2) Record Series 18/1/26

Bolté, Charles G. "Minutes of Joint Meeting: ALA Committee on Relations with Publishers and ABPC Committee on reading Development, Biltmore Hotel, New York, April 20, 1953," ALA Archives, RS18/1/26, Box2, Folder:. Committees – Relations with Publishers – Reports, 1939-41,1952-53.

Cory, John Mackenzie and Waller Theodore. "Minutes of 30 October-1950 Joint Meeting," ALA Archives, RS18/1/26, Box2, Folder:.Committees – Relations with Publishers – Reports, 1939-41,1952-53.

Dudley, Margaret W. "Minutes of Joint Meeting of ALA Committee on Relations with Publishers and ABPC Committee on Reading Development, Savoy Plaza Hotel, Rose Suite, Wednesday, November 11, 1953," ALA Archives, RS18/1/26, Box2, Folder:.Committees – Relations with Publishers – Reports, 1939-41,1952-53.

"Working Paper, ALA/ABPC Conference on the Freedom to Read, Westchester Country Club, Rye, New York, May 2-3, 1953," ALA Archives, RS 18/1/26, Box 3, Folder: Committees - Intellectual Freedom, 1941-62.

(3) Record Series 69/1/5

Charles G. Bolté to Paul Bixler, 23-August-1954, ALA Archives, RS 69/1/5, Box 2, Folder: BA-BZ Correspondence, 1952-1956, 2 of 2.

(4) Record Series 90/22/1

Waller, Theodore "Minute of Joint Meeting, ALA Committee on Relations with Publishers and ABPC Committee on Reading Development, Waldorf Astoria, New York, June 27, 1952," ALA Archives, RS 90/22/1, Box1, Folder: Minutes of Meetings, 1951-1952.

初出一覧

(1) 査読制度のある学術雑誌

第3章・第4章：小南理恵「「読書の自由」の成立過程：1953年ウェストチェスター会議を中心に」『図書館文化史研究』No. 35, 2018, p. 109-152.

第6章：小南理恵「アメリカ図書館協会とアメリカ出版会議の協同：「読書の自由」との関わりを中心に」『図書館文化史研究』No. 36, 2019, p. 103-126.

(2) 国際会議

Rie Kominami "A Study of Cooperation between U.S. Librarians and Publishers in the Early 20th Century: Focusing on Philosophy and Practice of Freedom to Read," *Proceedings of the Doctoral Consortium at the 18th International Conference on Asia-Pacific Digital Libraries (ICADL 2016), and Asia-Pacific Forum of Information Schools (APIS 2016).* December 2016, p. 62-66.

(3) 学会発表

小南理恵「「読書の自由」の成立過程：1953年ウェストチェスター会議を中心に」2015年日本図書館情報学会春季研究集会, 2015年5月, 口頭発表.

小南理恵「アメリカ図書館協会出版関係委員会の活動：「読書の自由」との関わりを中心に」2017年日本図書館情報学会春季研究集会, 2017年6月, 口頭発表.

【著者】 小南理恵（こみなみ・りえ）

鶴見大学文学部ドキュメンテーション学科 講師
博士（図書館情報学）。専門はアメリカ公共図書館史。
一九九一年奈良県生まれ。二〇二〇年、筑波大学大学院図書館情報メディア研究科博士後期課程修了。島根県立大学人間文化学部地域文化学科助教を経て、二〇二二年より現職。

主要業績：「「読書の自由」の成立過程：1953年ウェストチェスター会議を中心に」（『図書館文化史研究』第三五号、二〇一八）、「アメリカ図書館協会とアメリカ出版会議の協同：「読書の自由」との関わりを中心に」（『図書館文化史研究』第三六号、二〇一九）、「アメリカのパブリック・ライブラリーの歴史的な進化過程とコミュニティにおける真の役割」（共訳『アメリカ公立図書館運動開始期の思想と実践』京都図書館情報学研究会、二〇二〇）

「読書《どくしょ》の自由《じゆう》」の成立史《せいりつし》
——1950年代《ねんだい》アメリカの図書館員《としょかんいん》と出版者《しゅっぱんしゃ》

二〇二四年三月二五日 初版発行

著者 小南理恵 こみなみ りえ

発行者 三浦衛
発行所 春風社 Shumpusha Publishing Co.,Ltd.
横浜市西区紅葉ヶ丘五三 横浜市教育会館三階
〈電話〉〇四五・二六一・三一六八 〈FAX〉〇四五・二六一・三一六九
〈振替〉〇〇二〇〇・一・三七五二四
http://www.shumpu.com ✉ info@shumpu.com

装丁 長田年伸
印刷・製本 シナノ書籍印刷株式会社

乱丁・落丁本は送料小社負担でお取り替えいたします。

ISBN 978-4-86110-951-5 C0000 ¥3300E